意識細胞光療法

安田　明純
安田　倭子

大丈夫、安心して
楽しく
生きられます

人は浄化をしに
生まれて来ています
苦しいことがあって
あたりまえ

辛いことがあって
あたりまえ
自分にとって
できないことは
目の前にあらわれません
生きるの
かんたん

安田優子

まえがき

恐怖、不安、心配、悲しみの因子が、人類が誕生した古代に、細胞に組み込まれたのではないでしょうか。

なぜ、そんな因子を細胞に組み込む必要があったのでしょうか。

もし、その因子が組み込まれていなかったとしたら……。

災害や敵に襲われても避けることをせず、簡単に命を落とし、人類は絶滅したと、多くの専門家が立証しています。

人間に、恐怖、不安のあることは、とても大事なのですが、そこには一つ問題があります。恐怖、不安が強すぎると、病気という厄介なものを生みだし、死に至ってしまいます。

人間の脳の中には恐怖を押さえるタンパク質があり、その量をコントロールする遺伝子があるそうです。そのことが、研究者によってあきらかにされました。人間というのは、じつに凄い生き物なのです。

私は、類まれなそんな人間の一人に出会いました。

その一人の人間・倭子と、その弟子達は、理論、理屈、しがらみにとらわれることなく、苦しんでいる人達の頭に手を当て、体にやさしく手を添え、エネルギーを送り続けています。

苦しんでいる人達の笑顔を見るために、安心感をもっていただき、自信をもっていただくために。

全国から、その噂を耳にして、まる一日、あるいは小半日をかけて、施術を受けに来られるクライアントさん。

楽になりましたと、笑顔になって帰って行かれるクライアントさん。

「悪霊が憑いていますといわれ、かなりのお金を失いました」という人が、ワコ・ネイチャーからは笑顔でお帰りになります。

倭子が、精神科クリニックでヒーリングをやっていた5年間を含めて、「脳ヒーリング」をはじめて18年。最初のころは、学者でもなければ、お医者でもない人間が、何故みんなを笑顔にできるのだろうと、不思議でした。

倭子はよくいいます「細胞さんと対話をします」「バランスが大事です」と。その言葉を何度も聞くうちに、私の不思議は消えていきました。

恐怖をコントロールする遺伝子だけではなく、安心をコントロールする遺伝子（細胞）があるに違いありません。

そして、そのバランスを取る細胞もあるとするならば、脳科学者や専門学者だったら、答えはおのずと見えてくると思います。

私達の60兆個という細胞には、自分が経験していない古代からの経験も記録され、保存されているのです。研究者がそのことを立証しています。

しかし、経験や学習をしなくても、組み込まれている恐怖の因子があるとの認識がないと、ストレスの多い現代では、バランスを崩してしまいます。小さな恐怖にふりまわされ、大きな恐怖を生み出し、バランスを崩して、病気になり、命を落とすことにもなりかねないのではないでしょうか。


この度、出版にあたり、「自分が苦しんでいた頃と同じように苦しんでいる方々に、少しでも助けになれば……」と、貴重な体験を話してくださった方々に、心より感謝の意を込めて、御礼申し上げます。

本書を読んでいただいた方の中に、同じ悩みを持ち、苦しんでいる方がいらっしゃいましたら、体験者からのメッセージを、心に深く受け止め、楽しい人生にチャレンジしてみてください。

安田倭子はいっています。

「人間は、そんなに、やわには、つくられていません」。

令和元年一月

安田 明純

目次

第2章　不幸の訪れ、浄化と修行のころ…… 43

お嬢様とお母様が、お祖母様の腰椎骨折を遠隔ヒーリングで直した
倭子の手からフォトンが検出された
生物フォトン、ヒーリングボックス、伝授が織りなす療法
意識細胞光療法は商標として認可されました

第1章　カラオケ人生から意識細胞光療法へ
安田倭子　ワコ・ネイチャー前

恒例のワコ・ネイチャー忘年会

ワコ・ネイチャーがYouTubeのベストヒットを生んだ

令和元年（２０１９）12月１日、恒例のワコ・ネイチャー忘年会が、東上野の総合宴会場オーラムで開催されました。

ワコ・ネイチャー忘年会は、安田倭子はもちろんのこと、スタッフ全員、よくヒーリングに来られているクライアントさんが、次々とステージを飾り、最後は全員が踊ることになります。それに、近年は多彩なご来賓が、圧倒的な迫力でステージを飾ってくれています。

司会は、もちろん私です。

令和元年の忘年会には、箱崎幸子さんが3年連続で来てくださり、「抱擁」と新曲を熱唱してくださいました。

箱崎幸子さんとの出会いは6年前。見るともなく見ていたテレビで「生きてやろうじゃないの」という歌を歌っていることを知りました。

私がたまたま目にした番組は、東日本大震災で被災した武澤順子さん（当時79歳）と、当時日本テレビディレクターをしていた武澤忠さん（順子さんのご子息）とを取材した番組でした。

震災を受けながらも強く生きた母とそれを応援していく親子に、視聴者は涙し、感動しました。そして、順子さんが綴った震災日記『生きてやろうじゃないの』という本が話題になりました。

同じように震災に直面した箱崎幸子さんは、順子さんの書き綴った震災日記に感動し、順子さんに会い、日記の詩に曲を付け、歌うことになりました。

曲名も本と同じ「生きてやろうじゃないの」。発表会で聞いた人達が感動し、涙している映像を、私は目にしました。

箱崎幸子さんと亡き夫・箱崎晋一郎さんがデュエットする「抱擁」は、YouTubeで大

昔の忘年会
まだエネルギーロープをお召しになっていない倭子先生が一つずつエネルギーを入れてプレゼントを渡しています

人気。思いがけずプロ歌手による大ヒット曲をナマで聴くことができ、みんな大喜び。胸に突き刺さってくるような歌声に、大感激でした。

箱崎晋一郎さんといえば、甘く切ない歌声で有名です。詳しくいえば、甘く切ない歌声に、さらに甘く、さらに切ないファルセットが自由自在に加わり、独特の歌の世界をつくりあげています。

デビュー曲「熱海の夜」が、ムード歌謡の流行の波にも乗っての大ヒットし、その後に「抱擁」も大ヒットしました。

その箱崎晋一郎さんが、私のかつての店レストランシアター・プランキー（新宿歌舞伎町）で、よくディナーショーをやっていました。

箱崎晋一郎さんの「抱擁」のビデオを、幸子さんにお渡しした

箱崎晋一郎さんは、私がレストランシアター・プランキーを閉店した1988年3月25日の3ケ月後の7月25日に、43歳の若さでお亡くなりになりました。

奥様の幸子さんは、元ミスいわきで、6年の交際を経て1980年に結婚されました。ですから、結婚生活はわずか8年間であったわけです。

プランキーという店は、アイジョージさん、村田英雄さん、江利チエミさん、五木ひろしさん、都はるみさん、大月みやこさんなど、名だたる歌手の方々が、ディナーショーや新曲発表会をやってくれました。それを、テレビ局、ラジオ局が生放送や収録で使ってくれました。

箱崎晋一郎さんはプランキーの音響に、とくに惚れ込み、新曲発表会、12月のディナーショーに毎年使ってくれました。私は、彼とは気が合い、彼の良さが十分に出るよう音響調整をしました。

箱崎幸子さん（2019 年）

箱崎幸子さんと私

そんな付き合いでしたから、訃報を知らされた時のショックは大きく、今でも鮮明に覚えています。

奥様の箱崎幸子さんを知ったのは、葬儀で涙にくれていたときでした。

その26年後、箱崎幸子さんが、テレビで「夫の存在を忘れられないように『抱擁』を歌っていく」と涙ながらに決心したことを知りました。

レコードもテレビも、プランキーで歌った「抱擁」には勝てない。箱崎晋一郎の真の「抱擁」を、幸子さんは知る必要がある。箱崎晋一郎がプランキーで歌った「抱擁」のビデオを渡そう。

そう思った私は、常磐道をいわきに向かいました。チーフヒーラーの多田幸子が運転する車で、安田倭子と私は、いわき市のカラオケスナック「ラウンジ抱擁」を目指したのです。

そうして、その店で箱崎幸子さんにあったのですが、言葉を交わしたのは、そのときが初めてでした。

そのときビデオを手渡しただけなのですが、2017年の忘年会に来てくれることになって、幸子さんを紹介するとき、箱崎晋一郎さんのビデオを会場のスクリーンに映し出しました。プランキーで撮ったビデオの「抱擁」を、2番からは映像だけを流し、音はカ

箱崎晋一郎さんに幸子さんが重なっている写真

【YouTube】1986 年プランキー
箱崎晋一郎ディナーショー「抱擁」
https://youtu.be/7IEX4ALVrV8

ラオケに切り替え、幸子さんに歌ってもらいました。打ち合わせはありません。まったくのサプライズでした。

会場は大感激でした。私は、箱崎晋一郎さんが微笑んでいるように思いました。

その後、幸子さんを応援している滝本さんが、お渡ししたビデオの箱崎晋一郎の映像と幸子さん本人の映像を編集して、YouTubeに乗せました。

2020年3月現在、あと数十回で200万回の再生回数になりそうです。

倭子との出会いは、人を助けるためなのか

人に出会ったとき、「何のために、この人と出会ったのだろう」なんて、考える人などいるだろうか。時が経ち、振り返ってみたとき、その出会いに意味があることに気付く

私にとっての倭子との出会いの意味を考える

倭子はもともとお屋敷にお住まいの奥様方に、メイクや着付けなどお教えし、流行のファッションを紹介したりしていました。

そのころの倭子先生

それがすぐに、いまでいうトータルコーディネーターのようになり、横浜と小田原で手広く展開するようになりました。

さらに、女性が宴会のお世話をする仕事があることを知りました。いまでいうパーティコンパニオンです。

ミス何々、喫茶店で働いている美しい女性、ホテルのカウンターにいる女性など、これはという女性に声をかけ、人集めをしたようです。

仕事を取る営業も、倭子がひとりで行ったようです。高級ホテルの宴会場をはじめ、これはと思うところに営業に行って、どんどん仕事をとってきたようです。

当時、パーティコンパニオンじたいが、いなかったわけですから、パーティコンパニオンを売り込む人もいませんでした。他方、ミス何々をはじめ美しい女性の方は、意外に仕事がなかったようです。

そのため、宴会場のほうも、パーティコンパニオンのほうも大喜びでした。それに、パーティコンパニオンにとっては、「きれいなお仕事」ということもあったようです。

倭子は、パーティコンパニオンのタマゴに、着付け、メイク、礼儀作法まで教えたのです。そうして、一人前のパーティコンパニオンとして送り出したのです。

それは、女性の側からすると、着付け、メイク、礼儀作法まで学んで身につけることができたうえに、「きれいなお仕事」ということになったわけです。

「レディースポート」設立、東京進出（昭和46年より）

倭子のところの女性から、「東京で、このお仕事をしたいわ」との声があがり、昭和46年に東京に進出しました。横浜でこれくらいできるのならば、東京ではもっとできるに違いない。その倭子の直感は的中しました。

なにしろ東京では、倭子がやっているような仕事をしている競争相手はいません。中野サンプラザの結婚式場の仕事など、全部もらったようです。当時の総理大臣は、佐藤栄作氏でしたが、いつのまにか政財界関係の仕事もたくさんいただくようになったようです。

カラオケを日本で最初に

最初の店で、倭子と知り合った

当時、東映演技研修所2期生を卒業して、芸能プロダクションに所属し、映画、TVの売れない役者をしていた私は、サイドビジネスでカラオスナックをはじめました。その店は、新宿歌舞伎町の外れにある、4坪ほどの小さな店でした。

その店に、ある会社の社長さんが「面白いお店があるので行かないか」と、倭子を誘いました。その時のことはよく憶えています。

こんな、小さなカラオケスナックに来る人ではないなーって。

そして、私と会って、倭子の運命が大きく変わります。

それは、私も同じです。このとき、近寄りがたい和服姿の美女と出会うことにより、人生が大きく変わりました。

今でも倭子は、弟子に「一目惚れしたのよ」と言いますが、倭子はオーラが漲っていて、声もかけられない、近寄りがたい存在でした。

昭和46年10月にサイドビジネスとしてカラオケスナックをオープン

当時、カラオケそのものはすでにありました。プロの歌手がお店で歌うときに、バンドを連れて行く予算がないと、歌が入っていない（カラ）、伴奏（オーケストラ＝オケ）テープで歌うということがありました。

その歌の入っていない、バンドだけの伴奏を、カラオケと呼んでいたわけです。

当時、スナックはありましたが、カラオケスナックというのはありませんでした。伴奏で素人が歌うというのは、私の店が初めてでした。日本で初めてだったので、世界でも初めてということになります。

昭和46年10月に開店したカラオケスナックは、当たりました。47年に正式に届け出をすませ、48年には、バイト、副業気分を一掃して、カラオケスナック一本に絞り、それこそ朝から晩まで一生懸命に働きました。それが、私のカラオケ人生のスタートでした。

JBL・4320のスピーカー、マッキントッシュの管球アンプを備えた店に

昭和51年4月には、カラオケスナックの約10倍（37坪）ほどの「フレンドシアター・プランキー」を、オープンしました。入り口を入ると、すぐにガラス張りのミキサー室が見えます。そのなかには、放送局なみの音響・撮影機器がいっぱい入っています。それだけの音響・撮影機器を備えた店は、当時どこにもありません。

だから、最初は真似されないように、ミキサー室を隠そうと思いました。でも、隠してしまうとせっかくの放送局なみの音響・撮影機器を備えているということが、お客さまにわからなくなります。それでは、プランキーの特徴を、アピールできません。そこで、割り切ることにしました。

真似されることを恐がるのをやめよう。真似されたならば、その先を考えればいいのだ。そう考え方を切り替えることにより、店に入って一番先に目に入る位置に、ミキサー室をもってきたのです。

「放送局なみの音響・撮影機器」と書きましたが、これはけっして大げさではありません。ＴＢＳラジオが、この店からカラオケ中継番組を3ヶ月間行いました。「二郎で勝負

90分」の中の15分の番組でした。

スピーカーは、高さ80センチ、幅60センチ、奥行き50センチのＪＢＬ・４３２０でした。

そのスピーカーを鳴らしたのは、マッキントッシュの管球アンプです。映画館で使っていたものを、安く手に入れました。

当時、アンプが管球アンプからトランジスタに変わり始めていたので、マニアに取ってはヨダレの出るような代物でした。管球アンプは、トランジスタのアンプよりも、音に暖かみがあり、厚みもありました。

フレンドシアター・プランキーのミキサー室
サンデー毎日に掲載されました

案内状、招待状を50通、マスコミは一社も来ません

プランキーは、ほどよい大きさだったので、ステージで歌っているお客さんが、返りの音を聴くことができました。そのことが大きかったと思うのですが、「じつに歌いやすい」という言葉が、多く聞かれるようになり、お客さんがお客さんを呼ぶようになりました。

最大のマイナス面は、とんでもない設備費でした。当時は電気器具が高く、26インチのテレビでも50万円くらいしました。

そんなことでスタートした「フレンドシアター・プランキー」は、連日朝4時まで歌が絶えることはありませんでした。それ以前のお客さんが、そのまま「フレンドシアター・プランキー」に移ったようなかっこうになったので、最初から絶好調でした。

そんなある日、お客さんの広告代理店の社長さんが、

「マスコミを呼ぼう」

と、言い出しました。

反対する理由はないので、すぐにオープン案内状に招待状を付けて、50通ほど出しました。

マスコミをご招待する日は、貸し切りにして、テーブルに料理とウイスキーのボトルを置き、万全を期しました。

カラオケのリハーサルもして、定刻の7時になりました。

「さあ～、来るぞ」

スタッフ一同、持ち場に着いてドアの開くのを待ちました。

1分が過ぎ、2分が過ぎ……、10分が過ぎても、ドアは開きません。

30分をまわった頃には、ビルの1階まで行き、ビルに向かって来るそれらしき人を見付

けると、階段を駆け上がり、みんなに声を掛けたのですが……、勘違いでした。9時をまわっていたころには、冷えた料理を温め直し……、やがて時計は11時をまわったのですが、招待客は一人も来ません。

……こうして、マスコミへの呼びかけは、完全な空振りに終わりました。

1ヶ月ほど経ったころ、デイリースポーツ新聞の記者が訪ねて来ました

それから、1ヶ月ほど経ったころ、突然「案内状をもらったのだけど」と、招待状を持ってデイリースポーツ新聞の記者が訪ねて来ました。

とりあえず、席に座ってもらい、何を飲むかと聞いたのですが、「取材が終わってから」と、かわされました。その彼が、ポケットからコンパクトカメラを取り出すと、パチリと1枚撮りました。どうやら、それで写真撮影は終わりのようです。

そのあと、歌い終わって席に戻ったお客さんに、取材をしていました。

私も取材を受けることになったのですが、

「なんで、今ごろ取材に来られたのですか」

と、率直に疑問をぶつけました。

記者の1日は、デスクの上に重ねられた手紙の整理から始まり、山積みになった案内状などの手紙を、足元のゴミ箱に捨てるのだそうです。封を切らなくても、その手紙が取材するに値するかどうか、長年の経験からわかるので、ほとんどの手紙は封を切ることなくごみ箱に直行するのだそうです。

私の出した手紙は、残すほうに入って、今日を迎えたのだそうです。店に入ってから30分ほどで取材は終わり、記者さんは帰っていきました。

数日後、デイリースポーツ新聞に大きな記事が

取材の数日後、デイリースポーツ新聞に掲載される日が、電話で知らされました。掲載されるとなった日、私は駅の売店に行き、掲載の大きさによって何部買おうかなどと考えながら、ページを開いていき、ビックリしました。

記事の大きさが、想像をはるかに超えていたのです。私は20部ほど買い込んだのですが、これがカラオケの記事が世に出た最初でした。

この大きなカラオケの記事をきっかけとして、常連のお客さんではないお客さんが、大勢来るようになりました。

スペシャル・トピック

夜の酒場は歌い上戸で花盛り

安上がり？カラオケ、VTR装置備え手ぐすね

デイリースポーツ
特集号 タブロイド 100円
好評発売中
'76オールスター特集！
プロ野球
寺内大吉のオールスタードキュメント
オールスター事件簿総まくり

これがそのデイリースポーツ新聞の記事です

サンケイスポーツ　昭和51年（1976）9月20日　月曜日

こちら
スタジオ酒場

連夜の"酔いどれ"ビッグショー

テレビ出演楽し

マスターはもと助監督　ミニ舞台でカラー映像

「フレンドシアター・フランキー」

続けて昭和 51(1976) 年 9 月 20 日に、サンケイスポーツに掲載されました

夕刊フジ　昭和51年9月30日

酔いが回れば"カラ・オケ"回る

伴奏用のレコード
近ごろ人気上昇

"オレの熱唱"をカメラでアップ

テレビ局顔負けの店も

ナツメロ、軍歌、演歌…なんでもOK

サンケイスポーツに掲載された 10 日後の昭和 51（1976）年 9 月 30 日に夕刊フジに掲載されました

レコード大賞を受賞直後、都はるみさんがご来店

昭和51年4月にオープンした「フレンドシアター・プランキー」は、その年のうちに新聞各社に取りあげていただき、連日超満員となりました。

この年のレコード大賞は、都はるみさんの「北の宿から」でした。作詞・阿久悠、作曲・小林亜星のこの曲は、日本有線大賞も獲得し、ダブル受賞ということで大きな話題になりました。

それに「北の宿から」は、「演歌撲滅運動」を提唱した淡谷のり子さんが、名指しで批判した楽曲でもありました。ところが、阿久悠は「別れた男のセーターを編んで」別れにケリをつける女、「死んでもいいですか」は自嘲気味のひとり芝居ということで、「性根の座ったしぶとい女」「強い女」を書いたようでした（『書き下ろし歌謡曲』阿久悠・著）。演歌の歌詞にありがちな、淡谷のり子さんが嫌った悲しい女、弱い女ではなかったようです。

都はるみさんのあの独特の「唸り」からすると、私はやっぱり「しぶとい女」「強い女」ではなかったかと思います。

その都はるみさんが、レコード大賞を受賞した直後に、作曲した小林亜星さん、サンミュージックの相澤社長らと「フレンドシアター・プランキー」に来られました。

レコード大賞受賞のお祝いは、通常ホテルでやるものですが、マスコミで話題になっていた私の店でのお祝いとなり、その様子が翌元日・全国のテレビで放映されました。

歌手の小野由紀子さんと、何十年ぶりに再会
ちなみに「他人船」は倭子先生のおはこです

【YouTube】1981年 日本放送『ルックルック』「プランキー」
https://youtu.be/6XwgVFJjQ_4

第2章　不幸の訪れ、浄化と修行のころ

目がとじなくなったけれど、結婚披露宴は大当たり

美容整形の手術により、倭子の目が閉じなくなった

新宿コマ劇場近くの「フレンドシアター・プランキー」の繁盛ぶりは大変なもので、芸能人の人もよくきていました。倭子もお客さんに連れられてよく来るようになっていて、ここで芸能人と知り合いになり、芸能界の仕事もするようになりました。

ところが、好事魔多しで、私が何気なくいった一言により、倭子がたいへんなことになってしまいました。

「目の上に何かできているよ」

私は何気なくいったのですが、倭子がとても気にしました。気にして、何度も何度も見

直しているうちに、美容整形に行くことを思いつき、目のまわりを整形することにしました。

その美容整形が、大失敗だったのです。

最初の手術が失敗で、

「なんとかしてください」

と、お願いして、すぐに再手術になりました。

あとで知ったことですが、同じところを手術するときには、あいだをあけなければならないそうです。しかし、このときは一週間も経たないうちの再手術になりました。

この再手術が、当然のことながら、またしても失敗で、そのせいで目が閉じなくなってしまいました。倭子がケロイド体質だということがわかったのは、このころです。

ケガをして皮膚に傷ができると、最初は赤くなりますが、やがて目立たない白い傷となって治ります。しかし、人によっては炎症が長く続き、やがてケガや手術のあとが赤く盛り上がってしまうことがあります。

そのような体質の人が、ケロイド体質の人です。ケロイド体質の人は、炎症がとても強く、外傷部位の範囲を超えて拡大します。痛みや痒みをともなうこともあります。

ですから、ケロイド体質の人は手術に向いていないので、できるだけ手術をしないようにすべきでした。それに、そもそも目の上の方のかぶれじたい、ケロイド体質が原因だったようです。

浄化を果たし、お金もきれいさっぱりなくなってしまったようです

倭子は、整形手術の失敗のため、目を閉じることができなくなり、開いたままの目はどんどん乾燥していきます。ほう酸水で目を濡らしながら、どうしたものかと考え、他の美容整形の先生に診てもらったりもしました。

しかし、どの先生も「これは、もうどうしようもありません」と、異口同音の診断です。

専売公社の病院にはいい先生が揃っているということを聞き、専売公社の病院で手術をすることにしました。倭子は、目がそんな状態になっても、まだ仕事をしていたので、電話連絡のつかない病室に入るわけにはいきません。

いろいろあったのですが、結局、特別に院長

そのころの倭子先生

先生の部屋を空けてもらって、そこに入院することになりました。

手術をするには、外科、眼科、麻酔科の先生が必要だということで、それらの先生にチームをつくっていただきました。そこに、数名のオペ看（手術室看護師）が加わっての大手術となりました。

そのころには、倭子の体質が特殊であることが明らかになっていたので、目の手術ではあったのですが、局所（部分）麻酔ではなく全身麻酔の手術になりました。

この全身麻酔による数回の大手術が、倭子の浄化だったようです。

倭子は、このときの自由診療による数回の大手術をはじめとする21回の手術で、浄化を果たしてしまったようです。それとともに、それまでに貯めていたお金も、きれいさっぱりなくなってしまったようです。

看護師さんの内臓疾患に気づきました

倭子は、このときの手術で失明する危険性もあったのですが、さほど動揺しませんでした。「見えなくなったらなったで、なんとかなるだろう」くらいの感じでした。

そのことにも驚いたのですが、さらに驚くべきことがありました。病室に来てくれる看護師さんのことが、よく分かるようになったのです。倭子の担当看護師さんは3人でしたが、それぞれの看護師さんのそのときの体調が、手にとるように分かるようになったのです。

さらに、1人の看護師さんには内臓に疾患があることが分かりました。病院ですからお医者さんはたくさんおられたのですが、その看護師さんの内臓疾患に気づいたお医者さんはおられませんでした。

そのとき、倭子は手術後のため、目を包帯で覆っていました。ですから、「見る」ということはできなかったわけです。

倭子には、小さいときから、そのような能力があったようですが、あまり気にしなかったようです。それが、目が見えなくなり、失明の危険性もあったこの時期に、急速に磨かれたようです。

神様は、一つのものを奪って、一つのものをお与えになるのでしょうか。

目の方は、21回目の手術を最後に、もうやめていただきました。そのころには、なんとかまぶたを閉じることができるようになっていました。元通りになったわけではないのですが、我慢できる状態になったので、もう痛い思いをしたくないと思ったようです。

倭子の目は、光と風の影響をとても受けやすくなりました。そのために、サングラスは必需品です。倭子のサングラスは、ダテでも、オシャレでもないのです。

「受ける能力」「キャッチする能力」も桁外れ

新宿に3つ目の店をオープンしたのは、ちょうど倭子の目の手術が一段落した頃でした。3店目のレストランシアター・プランキーは、音響、映像、照明、舞台だけでも億を超える資金が必要でした。舞台の両サイドの壁には大きなプロジェクターが常設され、ただ映像を映し出すだけではなく、生映像とVTRの映像を合成して映し出すという、世界は分かりませんが、日本では初ということもやりました。このときに助けてくれたのが、倭子でした。

倭子の弟に、実家の土地を担保に保証人になってもらい、私は望み通りの高性能機材を購入し、最高のレストランシアターを、新宿のど真ん中にオープンすることができました。「レストランシアター・プランキー」は、「フレンドシアター・プランキー」の2倍以上の80坪もあったので、貸し切りでさまざまな宴会も行いました。結婚披露宴なども貸し切りで行い、そのときには倭子が大活躍し、大評判になりました。

倭子は、東京衣装の分校の資格も持っていて、花嫁のメイク、着付けもできました。倭

カラオケ族にわが世の春

世相リポート

「花のステージ」は一億円

プロ歌手もため息つくカラオケ酒場誕生

「家庭カラオケ」ブームが引き金

全国カラオケ族ベストテン

昭和 54（1979）年 11 月
レストランシアター・プランキー、オープンの記事

特集 ヒットの秘密

歌キチ三千万!「カラオケ」繁盛記

ジャーナリスト 仁科邦男

レストランシアター・プランキーの記事

子がやる花嫁のメイク、着付けは、一般のとはかなり違っていました。

「レストランシアター・プランキー」の会場や舞台の様子が、あらかた決まってきたときに、倭子に「新しい結婚式と披露宴」のイメージが降りてきて、そのとおりにやることになったのです。

倭子の花嫁のお化粧は、白塗りではなくナチュラル系でした。ですから、もともと時代を先行するものをキャッチする能力があったようです。

倭子の「発する能力」については、多くの人が指摘していますが、倭子の「受ける能力」「キャッチする能力」も、桁外れです。私は、このときにも、その倭子の桁外れの「キャッチする能力」を目の当たりにしたのでした。

倭子は、それまでに、トータルコーディネーターの走り、パーティコンパニオンの走りで大成功を収めました。それは先を読む力があったとか、工夫する力があったということではなく、「受ける力」「キャッチする力」によるものなのかもしれません。

花園神社で結婚式、レストランシアター・プランキーで披露宴

「レストランシアター・プランキー」で結婚披露宴をするとなると、結婚式は「圭子の夢は夜ひらく」の藤圭子さんの歌碑のある花園神社でしょう。ここで挙式をし、花嫁と花婿を、それぞれ2台の人力車に乗せ、親族と並んで新宿の繁華街を抜け、プランキーまで花嫁行列する。

倭子のアイデアは、それだけではありませんでした。舞台で翁（おきな）と媼（おうな）が、能楽に合わせて祝いの能を舞うのです。その翁役は、倭子がやるといいだし、真剣に練習しはじめました。その練習も、本を見てやるというのではなく、倭子の感性が発揮されたものでした。

それに、「お色直しには、どのような意味があるのか」ということを、倭子も私も考え

始めました。

調べると、神に仕える巫女が平民に下るとき、平民の衣装に着替えるということからきているようでした。

私達には、これだと思いました。このことを来賓者に伝えるには、どうすればよいかと考え、閃きました。

プランキーの舞台で、「引き抜き」をやろう。

倭子は分校の資格を持っていたため東京衣装、私は映画製作のスタッフ時代のつながりから京都衣装、両者の協力を得ることができました。

ついに出ました！
カラオケ・レストラン
新宿歌舞伎町
デザート代わりに1曲を
食事忘れて熱唱

昭和54（1979）年12月2日
報知新聞にレストランシアター・プランキーの記事が掲載されました

衣装、お面なども、本物のものを揃えることができ、倭子が翁になり、倭子の弟子が媼となって、真っ白なドライアイスの霞が流れる舞台で、白無垢の花嫁が一瞬にして振袖姿に変わりました。

プランキーの舞台でのお色直し。それは天上の雲海の中で行われる儀式そのものでした。

そのときの参列者の驚きと感激の表情は、私の脳裏に今も焼き付いています。

ヒーリングボックスによる「意識細胞光療法」

現在、カラオケでキィを変えることは当たり前のことになっています。歌う人には、それぞれ声を出せる音の領域、いわゆる音域があり、オリジナル曲のカラオケだと、高すぎたり、低すぎたりするからです。

「フレンドシアター・プランキー」のアナログ時代には、キィを変えることは、音響のプロでも不可能とされていました。

そんな時期に、私は海外から必要な設備を輸入して、キィを上げ下げすることに成功しました。

私は、キィを変えることができると、新聞で発表しました。その5年後、「レストランシアター・プランキー」時代になって、パイオニアがキィを変える製品を、「キィコン」と名付けて販売しました。

そもそも私は、ものを造ることが好きで、子供の頃から遊び道具は自分で作ってきまし

翁（おきな）と姐（おうな）

翁と姐と花嫁

翁と花嫁行列

姐と花嫁行列

た。大人になってもそれは続き、特許や商標など、けっこうな数を取得しました。そのなかでも、倭子がきっかけで特許を取得したものがありました。

それが、いまも情熱を燃やしているヒーリングボックスです。

ヒーリングボックスの光を見たとき、凄い物をつくってしまった！！

その衝撃的な思いは、それまでに取得した特許すべてを、はるかに超えるものでした。感激に身震いしました。

そうすると、ヒーリングボックスの開発により、次に「光のヒーリング時代」を開幕させたということになるのではないでしょうか。現に2019年末には、ヒーリングボックスのシャンデリア版の開発にも成功しました。ヒーリングボックスのシャンデリア版は、まだ正式に販売を開始していません。いずれ受注生産というスタイルで販売に入ると思います。

ヒーリングボックスおよびシャンデリアは、安田倭子の「意識細胞光療法」の一翼を担い、苦しむ人達を救う凄いアイテムになると信じています。

ゴルフ関連事業に進出

神様が仕組んだ出会いと出来事

レストランシアター・プランキーは、現在のカラオケ店とは、ずいぶん違っていました。フルバンドの演奏で、名だたる歌手のディナーショーができました。常設されている

ヒーリングボックス

二代目ヒーリングボックス

音響設備、映像設備、照明器具は、放送局と同等でした。だから、テレビ局がレストランシアター・プランキーから中継を行うことができたのです。収録してオンエアすることもありました。レストランシアター・プランキーの機材だけで製作され、放送された音楽番組もたくさんありました。

料理も一流ホテルと肩を並べる料理人を揃えていました。そんな店が閉店することになったのは、「カラオケを世に出す役割は終わった」というような風が、私の胸に去来するころでした。

しかし、それだけでは、閉店はしなかったでしょう。決定させたのは、出会いと出来事があったからです。

あれから33年、当時から現在に至るまでを振り返ってみると、神様が仕組んだ出会いと出来事だったとしか思えないのです。

「意識細胞光療法」の商標を取得した現在、この時代に必要なことを、神から使命を授けられたかのように感じます。

そこからカラオケ時代の後の波瀾万丈の出来事を見つめなおす

と、人の苦しみを癒すための出会い、出来事ではなかったかと、しみじみ思います。

レストランシアター・プランキーで見せられた「床に写った影」が、事業化できるほどのものだとは、その時は思ってもみませんでした。

影で特許が取れる……。カラオケでは特許を取らなかったことへのお返しかな。

レストランシアター・プランキーを閉店した4ヶ月後、私はゴルフ練習機を設置したインドアゴルフ練習所を開設しました。私が考えたゴルフ練習機の特許が認定されるまで4年かかりました。そのかん不安と心配の日々が続きました。

その不安を支えてくれたのは、お客さんでした。プロゴルファーではない私よりもゴルフの上手いお客さんが、ドンドン増えたのです。そのお客さんの世話をしてくれたのが、倭子でした。

倭子は妻として、私の仕事を手伝ってくれました。パーティコンパニオン派遣の仕事はきっぱりやめて、私の仕事を手伝うだけにしてくれたのです。

倭子の手際のよさは、脳ヒーリングにいかされている

この時期、人のことがいろいろわかってしまうという倭子の能力は、磨かれ続けたよう

細川隆一郎氏（左）と対談中の安田社長（右）

『NEW LEADERS』1996年9月発行

です。そのなかでも、「人の体の調子」については、特によくわかるようになったようです。しかし、「人の体の調子」については、分かっても、いっていいときと悪いときがあります。

それに、本人も気づいていない「体の調子」を、いきなりズバリと言い当てられ、喜ぶ人はいません。倭子の能力を知っていて、信頼していれば、「よく教えてくれました」ということになりますが……。

そのため、倭子はわかっていても黙っていることのほうが多かったように思います。それでも、そのころには自分の身体の調子について、倭子にたずねる人が増えてきていたので、そのときには倭子は喜んでお教えしていました。

ゴルフ関連事業で、もう一つ記憶に残っているのは、とにかくよく集まって食事をしたことです。ほとんど毎日、夕方になると、いろんな人が集まってきて、みんなで食事をしました。お酒もよく飲みました。毎日宴会をしているような状態でした。

食事から飲み物まで、倭子がすべてやっていました。そのため、倭子の料理の腕はぐんぐんあがり、手際もよくなりました。

倭子の手際のよさには定評があり、そのことも脳ヒーリングにいかされているようです。

自己ヒーリングによるリハビリが最初

倭子は自分自身を知るために宗教めぐりをしていた

倭子が、私に隠れて宗教巡りをはじめたのは、レストランシアター・プランキーを閉店する1年ほど前からでした。だれもが知っている大きな教団から小さな宗教教団まで、さまざまな宗教をめぐっていたようです。おそらく正式に属したものだけでも、10を超えていたのではないでしょうか。

自分の〝影〟が名コーチ 究極のゴルフ練習装置を開発

練習場のマットに写った影で、自分のスイングを自分の目でリアルタイムにチェックできる。いわば「影が名コーチ」となるユニークで効果の高いゴルフ練習装置が登場し、話題を呼んでいる。ベースゴルフ㈱が開発した「Sライト」がその注目製品だ。そこで同社代表取締役・安田明純氏に、その特徴と効果、さらには今後の展開と可能性など、ゴルフにも造詣の深い政治評論家・細川隆一郎氏がうかがってみた。

安田社長

影でリアルタイムにフォームチェック

細川　ベースゴルフ販売さんは、従来にない画期的なゴルフ練習装置を開発され話題を呼んでいますが、きょうはその特徴や今後の展開などについていろいろおうかがいしたいと思います。

まず、その練習装置はどのようなシステムで、どんな効果や働きをもつものか、その辺から説明していただけますか。

安田　製品名は「Sライト」で、スイング・セルフトレーニング・マシンと呼んでいますが、プレーヤーの頭上と背後から光をあてて、その影を見てフォームなどをチェックするゴルフ練習装置です。リアルタイムに自分の目でチェックできるのが大きな特徴です。

細川　なるほど、ビデオにしても写真にしても、リアルタイムに自分の目でフォームなどをチェックすることはできませんからね。それを、自分の影を見てできるということですか。

安田　そうです。システムとしては、垂直と水平方向の二つのレールに光源が取り付けられており、その光源のオン・オフや位置の移動をセンサーで行なうコントロールテーブルがセットになっています。

で、上部の光源により下にいるプレーヤーの上半身の影が写し出され、背後の光源により腰から膝までの影が投写されることになります。その影の大きさは実際の五倍に拡大されていますから、わずかな動きも見逃さずにチェックが可能です。

細川　実際に、ゴルフのスイングのどのようなことがチェックできるのですか。

安田　たとえば、上部からの光によってできる影からは、正しいアドレスの確認をはじめ、テークバック、ダウンスイング時の軸のブレ、頭の

55　新人物論

「Sライト」の設置例

カラオケの生みの親の運命的な開発

ジュニアのレベルアップへの貢献も

影を利用したゴルフ練習装置

新人物論　56

その人自身も知らないことまで分かってしまう自分とは、いったい何者なのか。

その疑問を解き、不安を解消するために、ずいぶん労力と時間とお金を費やしたようです。

倭子のことですから、宗教の教団に行くと、決まってマイクを握らされ、話をさせられます。それに、倭子が行ったことによって、「それなら、私も」と、参加する人も大勢いたようです。

そんなことで、チヤホヤされていたのでしょう。普通なら、それでいい気持ちになるところ、倭子は気持ちが悪くなったようです。

なぜなら、信者さんの顔が、真っ黒に見えたからだそうです。

顔が真っ黒に見えるということは、あまりいいことではないでしょう。

そうしたことで、「その人自身も知らないことまで分かってしまう自分とは、いったい何者なのか」の答を得ることがないまま、ゴルフ練習所を初めてまもなく宗教巡りを終えたと、私は思います。

沖縄のユタさんに解答をもらい、宗教めぐりが終った

倭子自身は、宗教めぐりを終わらせたのは、沖縄のユタさんだと思っているようです。沖縄県出身の着付け教室の生徒さんが、倭子と母を沖縄に連れて行くということがありました。沖縄には、いろんなことがよく見えるユタさんがいるので、ユタさんにみてもらえば、倭子が一体何者なのか、分かるといわれたようです。

いざ沖縄に到着すると、沖縄一といわれているユタさんは都合が悪く、アポイントがとれたのは二番目にすぐれているといわれているユタさんでした。ユタさんというのは、神の言葉を託宣する（神託）神霊者です。

倭子たちは、約束の時間よりも早く行きました。倭子はなにかにつけて時間に正確です。ユタさんの館は、かなり広くて、もうすでにたくさんの人が待っていて、今日は無理

かもしれないと思ったそうです。

ところが、倭子の顔を見るなりすぐにお呼びがかかりました。待っている人がたくさんいるので、悪いような気がしたものの、お呼びなので、とにかくユタさんのもとに行くことにしたそうです。

ユタさんは、まず初めに、一緒にいた倭子の母に向かって、

「あなたはすごい方を産みましたね」

と、おっしゃったそうです。

それから、倭子に次のように伝えました。

「あなたのうしろに、3人の女性の神様がついています。日本の女性がとても病んでいます。あなたには、日本の女性を救う使命があります。手をかざして癒しなさい」

このユタさんが伝えてくださったことは、どんなに偉い教祖様のいうことよりも、倭子によく伝わったようです。

民間療法、健康法、解剖生理学などを学ぶ

最初のヒーリングは自己ヒーリングでした。沖縄から戻った倭子は、民間療法や健康法

を教える学校に行き、人体そのものや解剖生理学などについて学びました。

倭子は、目を閉じると、内臓の疲れや血液リンパの滞りなどが見えます。そのため、厳しい試験などもありましたが、割合に平気で次々とパスしました。

倭子は、目を閉じると見えるということだけではありません。どのようにすれば正常に戻すことができるかも瞬時に解りました。ですから、いろんなところで習った「癒しの技術」を、そのまま行うということはありませんでした。

それでも、人体の基本を学べたことは、とても良かったと思ったようです。

自己ヒーリングによるリハビリが、脳ヒーリングの最初

そんなある日、倭子は右肘を骨折してしまいました。当時の骨折の治療は、ギブスで骨を固定することからはじまりました。そうして、骨折した部位がくっついたら、それまで動かさなかったために固まってしまった筋肉を、ほぐしていくのです。

私は倭子を車に乗せ、名だたる病院をまわりました。いわゆるリハビリなのですが、いっこうに良くなることはなく、痛くてたまらなかったようです。倭子は、自分にその能力があることに気付き、病院に行くことを止め、自分で「手当（ヒーリング）」をしまし

た。

倭子は真剣に自分で自分の右肘をヒーリングしました。

倭子の最初のヒーリングは、自己ヒーリングだったのです。

左手を、痛い右肘の患部に手を当てると、筋肉が温かく柔らかくなります。そうして、凝り固まってしまっている右腕を、教ミリずつ伸ばしていくのです。患部に手を当てヒーリングで伸ばしていくので、強い痛みはありません。

そうして「完全には元に戻らないでしょう」と診断された右肘および右腕を、心地よい自己ヒーリングで、完全に元に戻すことができたのです。

脳に光エネルギーを入れながら、ストレスを外し、リラックスさせる

「リハビリは痛い」が、一般的な印象だと思います。痛くても治りたいから、みなさん我慢して続けます。しかし、ヒーリングで完全に元に戻すことができるとしたら、痛いリハビリをわざわざやる人はいないでしょう。

倭子は透視もするのですが、リハビリされているところを透視すると、リハビリによる痛みが瞬時に負波動として脳に記憶されるのだそうです。リハビリを考えただけでも、身

体が緊張してしまうのは、おそらくそのせいでしょう。

ですから、脳を安心させることが大切なのです。脳に光エネルギーを入れながら、ストレスを外し、リラックスさせる。そのことで、骨折や怪我の部位の細胞も安心し、改善されていく。

これが、倭子のやり方だとおもいます。

そして、これが脳ヒーリングの原型だとおもいます。

のちに倭子は脳ヒーリングを完成させ、さらに意識細胞光療法を行うようになるのですが、脳ヒーリングによるリハビリは、人気メニューであり、ファンも多いようです。

私は居酒屋さんに、倭子は精神科クリニックでヒーラーに

私は居酒屋さんに、倭子は院長先生に断られました

ゴルフ関連事業は順風満帆でした。私の影理論は、ゴルフ業界に新風を巻き起こしました。ゴルフフェアでは、通路まで埋め尽くす人気でした。練習場連盟の理事会でも絶賛さ

れ、世界に進出する話まで出ていました。

そんないい状態がしばらく続いたのですが、世の中どんなことが起こるかわかりません。バブルが弾け、一番大きな打撃を受けたのが、ゴルフ業界でした。弾けて2年目、あまりにも手を広げ過ぎていたので、経営が行き詰まり、倒産ということになりました。私が56歳、倭子が59歳のときでした。ここでも、出会いによって助けられました。凄い弁護士さんに出会えたことで、裁判所から免責の判決をもらうことができたのです。とはいえ、倒産してしまったわけですから、その日からの生活がたいへんです。

勤め先を探したのですが、年齢が問題となったのか、なかなか見つかりません。そんなとき、

「いきなり面接に行くといいわ。あなたは若く見えるほうだし」

と倭子にいわれ、そのとおりにしました。

すると、すんなり居酒屋さんに雇ってもらうことができました。

倭子は、整骨院、マッサージに就活面接に行き、自己ヒーリングですっかりよくなった右腕を見せたのですが、これは逆効果でした。

院長先生は、笑みを浮かべながら、

「あなたがうちに入ったら、患者さん、ぜんぶ取られてしまうよ」

といったそうです。

かくして倭子の初めての就職活動は失敗。

接骨院など何軒か回ったところ、「すぐ来てください」といわれたところもあったのですが、「15分以上は体に触れない決まりがあるんだよ」といわれ、断念。

精神科のクリニックで、ヒーリングを行ったのは本当

そんなある日、日本神霊科学協会の講演会でお会いした精神科クリニックの酒井先生のことを思い出しました。ところが、いくら名刺を探してもみつかりません。

あきらめかけた頃、ふと財布からポロリと一片の紙が落ちました。それは、酒井先生の名刺でした。

倭子はすぐに電話をしました。そして、就職が決まってしまいました。

倭子は、日比谷にある精神科クリニックの酒井先生と、とくに親しかったわけではありません。名刺をいただいたわけですから、お目にかかったことはあったのですが、それっきり忘れてしまったわけですから……。

それでも先生は、倭子のことを覚えてくれていて（まあ、一度見たら忘れることはない

女性ではありますが）、「明日から来てください」とおっしゃってくれました。

倭子は、毎日電車に乗って草加市の谷塚から日比谷まで通勤することになりました。普通なら定年退職する年齢に差しかかって、毎日電車に乗って通勤することになったのです。倭子にとって、それは生まれて初めてのことでした。

精神科クリニックでの倭子の仕事はヒーリングでした。倭子は、精神科クリニックでヒーラーになったのです。

5年間で延べ1万人以上をヒーリング

そのクリニックは、うつ病、統合失調症（旧・精神分裂病）、神経症、過食症、拒食症、更年期障害、多重人格、不眠症の患者さんを、おもな対象としていました。いわゆる精神科のクリニックですから、もちろん西洋医学、現代医学を基礎に据えています。

倭子は、精神科クリニックの一室をお借りして、朝9時から夜6時過ぎまで、ひたすら脳ヒーリングを行いました。多いときには1日に15人くらいの患者さんをヒーリングしたようです。

お昼休みに院長先生が訪ねて来られ、「僕もお願い」と脳ヒーリングを受けていかれることもよくあったそうです。

精神科のクリニックで、ヒーラーをやっていたというと、初めて聞いた人は怪訝な顔をしますが、じつは本当です。

イギリスには、公的な病院にヒーラーがいて、日本の健康保険のようなもので、ヒーラーに診てもらうことができるそうです。でも、日本で西洋医学とともにヒーラーを採用したクリニックは、当時も今も、このクリニックしかないのではないでしょうか。

倭子は、この日比谷のクリニックで5年間ヒーラーとして、脳ヒーリングを行いました。日比谷のクリニックで、この時期にヒーリングを行った患者さんの数は、延べ1万人を超します。倭子にとって、とても貴重な体験でした。

七つの脳を持った女性

精神科のクリニックで仕事をしていた時に出会った方で、多重人格と診断された10代の女性がいました。その方の脳をさわらせていただき、倭子は驚きました。いくつもの脳がブドウの房のように重なりながら、右方向に垂れていたのです。

脳は全部で七つ。その方の人格の数と同じでした。どうしたらよいのか途方にくれましたが、気を取り戻して一つの脳にさわって、「これは誰？」と聞くと「自分は〇〇」と答えます。「大丈夫だから、安心して元に戻ってね」と声をかけると、スッと消えていったそうです。次の脳にも同じように、「あなたは誰？」と聞くと、「僕は△△」と今度は違う人格が答えます。

一つ一つの脳にそうやって話しかけながら外していくと、最後に脳は一つになりました。最後に残った脳に、「これは誰？」と聞くと、本人が、「これは私です」と答えます。

「他の人たちは？」と聞くと、「いなくなりました」と答えたそうです。

倭子は、ほっとして、彼女に「みんなに、ありがとうと思ってくださいね」と伝えました。

脳ヒーリングが終わると、女性は「すっきりしました」と、笑顔で帰って行かれたとのことです。

多重人格（解離性同一性障害）というのは、耐えられないほど辛いことがあったので、そのことに直面するのを避けるために、別の人格をつくっているのではないでしょうか。この女性の場合は、そうしたことを7回行ったので、脳も7つになったのではないでしょうか。現実逃避の手段だったのですね。

7つの脳が一つずつ消えていったのは、安心したからでしょう。安心させてあげることで、現実逃避のための脳は消えていったのだと思います。

倭子には、脳が7つブドウの房のように重なりながら垂れているのが見えたのですが、これはもちろん透視によるものです。実際に7つの脳が重なりながら垂れていたわけではありません。

第3章　ついに独立 現代医療と脳ヒーリング

脳ヒーリングにおける「意識細胞」と「光療法」

精神病薬が正常に戻ろうとする脳のはたらきを止めてしまう

２００１年、倭子は5年間勤務した精神科クリニックを辞め、独立しました。しかし、それ以前に個人オフィス、ワコ・ネイチャーヒーリングを開設し、自宅兼オフィスの一室でも脳ヒーリングを行っていました。

その個人オフィスのクライアントさんが、どんどん増えて、精神科クリニックと兼務することが難しくなったという事情もありました。

それにもう一つ、倭子の心には大きな葛藤がありました。精神科のクリニックで行っている治療は、西洋医学に基づいているので、どうしてもお薬を使うことになります。それも、とくに問題の多い精神病薬です。

倭子がクリニックで脳ヒーリングする患者さんは、すべて精神病薬を服用しています。脳ヒーリングを行うことで、脳は安心して穏やかになり、正常な働きを取り戻そうとしますが、それが長く続いていかないのです。

お薬が脳の働きを止めているので、正常に戻ろうとする働きも止められてしまいます。ブレーキを踏みながらアクセルをふかしているようなものです。

そのような体験が積み重なり、患者さんを穏やかにするためのお薬が、脳が正常に戻ろうとする時の足かせになっていることがわかってきたのです。精神病薬は、精神病を治すためのお薬ではなく、患者さんをおとなしくさせるためのお薬でした。それに、患者さんがまわりの人に迷惑をかけるのを防ぐというのが、おもな目的のようでもあります。

ですから、医薬品を使わない環境で、脳ヒーリングだけで症状と向き合ってみたいという思いが次第に強くなり、もう止められなくなったわけです。

それでも、精神科クリニックの治療と並行してヒーリングを採用している医療機関は、日本のどこにもないので、後ろ髪を引かれる思いだったようです。酒井先生の先見性と行動力には、いまでも心から尊敬し、医療の現場で脳ヒーリング施術するという稀有な機会を頂けたことに、倭子は深く感謝しています。

ご自分の力で正常に戻るお手伝いをさせていただいている

「病を治す」ということは、古代からあったと考えられます。日本では、神道に「たまふり（魂振）の技」が伝わっていますが、さまざまな武道にも、それぞれに身体調整の技などが伝えられていました。

江戸時代になると、中国医学を基礎に日本で発達した漢方、オランダから入っていた西洋医学である蘭法、日本独自の民間療法などが、治療術として利用されていました。

明治7年に、医療がはっきりと西洋医学に切り替えられ、漢方医、鍼、灸、按摩などが「医学」の範疇から外されました。それらは、民間療法として位置づけられ、「療術」あるいは「霊術」と呼ばれるようになりました。

昭和22年に、民間療法を禁止する法令が出され、療術は公然とは使えなくなりました。その13年後の昭和35年に、「有害性が立証されないかぎり禁止することはできない」という最高裁判決が出て、再び療術が使えるようになりました。

ただし、医療ではないということになっています。現在も、それが続いています。

そうしたなかで、倭子は右脳、左脳、チャクラのバランスをとることが大切である、トータルのバランスが大切である、ということを訴え続けてきました。

また、痛い、辛い、苦しいことを解ってあげる。解ってあげれば、解（ほど）けていくことも訴え続けてきました。

倭子はもちろん、ワコ・ネイチャーの脳ヒーラー全員は、癒してあげることに無上の喜びを感じています。

ワコ・ネイチャーは、現代のかけこみ寺なのです。治すのではなく、クライアントさんご自身が、クライアントさんの力で正常に戻るお手伝いをさせていただいているのです。

「宇宙の光」の中継点

ヒーリングボックスの光は、「宇宙の光」の中継点というのも、倭子の主張です。

倭子は、1日に何人も、重篤なクライアントさんをヒーリングしても平気です。それどころか、かえって元気になっています。しかし、最初からそうではありませんでした。

そのため、精神科のクリニックに勤めていたときには、毎朝、太陽からエネルギーをいただいていました。暗いうちに起きて、日の出の太陽からエネルギーをもらっていたのです。

朝の空気のきれいなときの柔らかい光は、じつにいいものです。朝日を浴びることによるエネルギーチャージを行っていたのです。

脳ヒーラーのかたがたにも、朝日からエネルギーをいただく、ということをしていただいていました。しかし、朝日だけでは満足するエネルギーをいただけないことがわかってきたので、ヒーリングボックスを開発することになったのです。

ヒーリングボックスの光は、じつは「宇宙の光」とつながっていると、私も感じています。ヒーリングボックスの光は、「宇宙の光」の中継点であり、「宇宙の光」はヒーリングボックスをとおして、私たちのからだに入ってきてくれるのです。

「ご縁のある方に、この光を届けなさい」

ヒーリングボックスが完成して、その光を浴びながら寝たときのことです。明け方、倭子が大きな暖かいものに持ち上げられました。それは、うすいブルーに透きとおった大きな両手のようなものでした。

透明なブルーの手の中に、青く血管のようなものが見えました。その大きな手に抱かれた倭子は、15センチくらい宙に浮いているようでした。ものすごく気持ちがよさそうでした。

そのとき倭子は「これは、神の手だ」と直感したようです。

倭子が、このときのことは、

「ご縁のある方に、この光を届けなさい」

というメッセージだと気がついたのは、その後のことでした。

細胞から4、5歳くらいの素直な子供の波動を感じる

人間は肉体と心とをもって生まれてきます。肉体の司令塔である脳は、心に包み込まれて存在するものであると、倭子は感じています。脳ヒーリングをしているとき、とくに強くそう感じるようです。

心があるからこそ私たちは悩み、苦しみます。心で包み込まれている脳は、瞬時にその波動を受け取り、同時進行で肉体にも影響を及ぼします。

一方で、心は喜びや幸せも感じます。「気付く」こと、つまり気持ちを穏やかに切り替えることで、脳と肉体は穏やかさを取り戻します。

肉体を脱ぎ捨て、あちらの世界に戻れば、これらの辛い感情に振り回されることもあり

ません。この世を歩んでいる限り、脳と心は密接につながっているのです。

人間の身体は、心（思い、意識、感情）のままに創られていると、倭子はよく私にいいます。特に深く心にきざみこまれてしまった思い、細胞を病気のようにさせてしまう負の感情、恐れ、怒り、辛さ、悲しさ、ストレス、嫉妬、不安、心配は、なかなか外せないものです。

それとともに大切なことは、細胞は素直だということです。倭子は、細胞から4、5歳くらいのかわいい子供の波動を感じるといいます。素直な細胞が、面倒な心に振り回されて、いい迷惑をこうむっているようにも感じるそうです。

ワコ・ネイチャーヒーリングのサイト
https://www.wakonature.com/?route=book-ishiki

ヒーリングボックスのサイト
https://www.nature-healing.net/?route=book-ishiki

人の深層にあるもの

恐れ（恐怖）と畏れ

人の行動の根源にはあるのは、恐れではないでしょうか。大昔、火山が噴火してマグマが流れだしたとき、人間は必死になって走って逃げたに違いありません。台風がきて、大雨を降らし、ものすごい風が吹いたときも、人間はとにかく走って逃げました。

現在は、どの山が噴火するということはわかっていますし、噴火する山の近くに家を建てたりはしません。活火山の山に行かない限り、噴火により命を落とすということはありません。

台風も、いつくるかということはわかっていますし、台風の大きさも進路も事前にテレビやスマホで知ることができます。ですから、この大雨がいつまで続くのか、この暴風雨はこれからどうなるのだろうか、という不安はありません。

しかし、そのようなことがわからなかった時代の火山の噴火や台風に、人間は震えあがったに違いありません。そして、そのころの記憶が、私たちの中に残っているのではないでしょうか。

その恐れの記憶が、なにかの拍子に揺り起こされたとき、さまざまなマイナスの感情が一気に吹き出してくるのではないでしょうか。

「何をなすべきなのか」までお答えすることが重要だと、倭子は考えています

恐れを手放すには、まず何を恐れているのかに気付くことです。

死んで自分がなくなることや、大切な人が自分から離れていくことなど、失うことに恐れをもっている方が多いようです。

それよりも多いのが、たしかな原因のない「ばくぜんとした不安、怖さ」です。

これを取り除くには、頭の下に両手を入れて目を閉じます。すると、小さくクルミのように冷たく固まった脳の波動が感じられます。

脳神経細胞さんと対話を行いながら、手から出る光エネルギーを入れていると、固く委縮していた脳が、どんどん大きく柔らかく膨らんでくる感覚に変化します。

すると、微動もしなかった脳神経細胞さんが活発に動き出し、その後は安心して穏やかな波動を放つのです。

脳が正常に戻ると、心にも変化が訪れます。そうして、素直にアドバイスを受け入れることができるようになります。

これは、自然にそうなっていきます。

倭子は、その方にヒントを伝えます。気付いて、手放していくのは、ご本人です。

クライアントさんが次々と大きく変わっていったことが、私を変えた

畏れには、大いなる存在に対して「敬い」「かしこまる気持ち」が含まれているようです。「恐れ」は手放すべき心ですが、「畏れ」は失ってはいけない心です。すでに失ってしまった人は、取り戻してください。

倭子は、心から「畏れ」を失った人が増えたことが、争いに満ちた社会をつくり上げる原因になったのではないかといっています。

私は終戦を向かえる1年前に生まれ、疎開した先が天理教の教会で、小学4年生くらいまでそこで育ちましたが、そのようには思わないで大人になりました。そして、倭子と知り合い結婚したのですが、それでもまだそのようなことを思いませんでした。

倭子が宗教巡りをしていたころには、宗教に関係するものを見つけると、倭子を叱りつけていました。

しかし、最近は倭子と同じように、人間は「神の創った最高の芸術品」「神の分け御霊(みたま)」と捉えるようになりました。

倭子は、「大切な神様の分け御霊であるお身体に触らせていただく心」で、毎日ヒーリングをさせて頂いています。それを長年見続けることによって（真横でじかに見ていたわけではありませんが）、自然に倭子と同じように人間を見るようになる下地ができました。

そのように見ることを決定づけたのは、倭子のヒーリングにより、クライアントさんが次々と大きく変わっていったことです。

理屈ではなく事実が私を変えたといってもよいでしょう。

あなた自身が自分を癒すのですよ

倭子は、よく次のようにいいます。

「病気を治すのは、私ではありません。お医者さんでも、薬でもありません。私たちができるのはお手伝いです。健康を取り戻すのは、あなた自身が自分の細胞を信じてあげること。肉体を正常に戻す素晴らしい力を、60兆個の細胞さんは持っていると解ってあげることです」

倭子が開発した脳ヒーリングは、自己ヒーリングから出発したものです。ですから、倭子はいまでも自己ヒーリングをとても重視しています。

ここからは、あなた自身が自分を癒すのですよ

この言葉を、倭子自身から聞いたクライアントさんは、けっこう多いのではないでしょうか。

それに、倭子はいまでも熱心に、さまざまな機会に「自己ヒーリング」を、お教えしています。

お母様ご自身も、お子さまも心配のない状態に導かれます

ご家族の病気を改善したいと、ワコ・ネイチャーを訪れる方も多くおられます。その感情の根底には、これから悪いことが起きるのではないかという不安のようなものがあることが多いようです。

それがお母様であったときには、倭子は、まずはお母様に脳ヒーリングを受けていただいています。

倭子は、透視をしながらカウンセリングをするのですね。

そうして、いつのまにかお母様の深層にある不安を取り除いてしまいます。

そのことによって、お母様ご自身はもちろんのこと、お子さまも心配のない状態に導かれるようです。

第4章　菅原美穂さんの統合失調症を癒す

断薬に成功するまでの軌跡

卒業旅行で足を骨折し、ごくごく軽い鬱病に

倭子は、日比谷のクリニックで、大勢の患者さんを診ることになりましたが、そのなかでとくに印象に残っているのは、菅原美穂さんです。

菅原さんの精神の病の最初の兆しは、学生時代の卒業旅行にまで遡ります。

仲よくしていた2人の友人と、飛行機で沖縄に行き、空港からバスに乗りました。そのバスを降りようとしたとき、足がもつれたそうです。

普通なら、なんていうこともないことですが、そのときどういうわけか足を骨折してしまいました。

そのため、楽しみにしていた沖縄旅行が、たいへんな旅行になってしまい、「ごくごく軽い鬱病」になったそうです。

「鬱病」というのは、勝手にそう思い込んだのではなく、気持ちがすっきりしないのを見た母が、大学病院の精神科に連れて行ったときの診断でした。

菅原さんもご両親も、結婚すればよくなると思ったのですが……

それでも、きちんと大学を卒業し、就職もしました。就職先は、いただいた原稿を入力し、割付やレイアウトなどもして、そのまま印刷できるまでに仕上げる会社でした。

当時は、まだバブル経済が続いていたので、仕事は忙しく、ハードでした。朝は普通に出勤して、ほとんど毎晩、終電で帰宅していたそうです。いまでは「ブラック企業」ということになるのですが、当時はそれが当たり前で、月に200時間近く残業することもありました。

その会社は「サービス残業」というようなものはなく、ちゃんと残業代が出ていたので、収入はよかったとのことです。

一つの仕事が終わらないうちに次の仕事が入ってくると、その仕事の打合せもしなければなりません。ベテランならば、そのようなことに慣れているのでしょうが、菅原さんには大変だったようです。

編集の仕事には、それぞれ締め切りがあります。どんなに頑張ってもその締め切り日に仕上がる見通しがないときには、なんとか了解してもらえるように根回しをしなければなりません。

それがまた余分な仕事であり、ついには処理しきれなくなり、どうしていいかもわからなくなり、暗くなってしまいます。

それが、いわゆる鬱状態であり、さらに進むと統合失調症になることが多いようです。

倭子が、日比谷のクリニックで初めて会ったときは、かなり疲れていて、表情も暗く、異常な感じもあったそうです。それでもほっそりとしていて、なかなか素敵なお嬢さんだと、倭子は思ったそうです。元気になると、もっと素敵になるとも。

素敵なお嬢さんだったせいか、ストーカーのような人につきまとわれることもあったそうです。

もともと「ごくごく軽い鬱病」があり、そこに月２００時間近い残業とストーカー被害が覆い被さることにより、菅原さんは統合失調症になってしまいました。

そこで、お母様がお見合いをすすめ、司法書士さんと結婚することになりました。４年間勤めた職場は寿退社となったのですが、仕事のできる菅原さんを、会社は手離したくなかったようです。

菅原さんもご両親も、結婚すればよくなると思ったそうですが、結果は逆でした。

日比谷の精神科クリニックで、倭子は統合失調症と真正面から向き合った

お見合い結婚をした菅原さんには、すぐに子どもができました。出産は、けっこうらくでした。生まれた赤ちゃんはとても健康でした。

赤ちゃんは、とてもいい子に育ち、いまでは社会人です。子どもが大学を出たときは、「100年に一度の不況と1200年に一度の大地震が重なった」と、大騒ぎになっていたころで、たいへんな就職難でした。そんななかで、けっこういいところに就職できました。

出産前後のことに戻りますが、菅原さんは子どもが生まれる前から具合が悪くなり、生まれた後は、さらに具合が悪くなったそうです。精神科にも通院し、このころに統合失調症という名前がついたそうです。

統合失調症は、精神障害の一つで、基礎症状は、連合障害（認知障害）と自閉だといわ

れています。副次的に幻覚や妄想などの精神病状態があることもあります。

統合失調症は、長い間、精神分裂病と呼ばれていました。しかし、「精神」が「分裂している」わけではないことから、２００２年に統合失調症という呼び名に変わりました。

統合失調症の発症のメカニズムは、医学的には解明されていません。ですから、何が原因で統合失調症になるのかも、医学的に解明されていないわけです。もちろんさまざまな説はありますが、いずれもいまのところ仮説です。

ただし、統合失調症は、脳内での「情報統合に失敗」していることは間違いなさそうです。そのことから、「統合失調症」という病名に変わったわけです。

倭子が最初に統合失調症の治療を行ったのは、日比谷の精神科クリニックでした。統合失調症のかたとは、それまでも何度か接触をもったことはありましたが、ヒーラーとして統合失調症と向き合ったのは、日比谷のクリニックからということになります。

薬を毎日お茶碗いっぱいのんでいた

統合失調症になってしまった菅原さんに対して、夫は「実家に帰れ」を連発しました。

菅原さんとしては、実家に帰った方が楽です。そこで、すぐさま実家に飛んで帰り、ほとんど実家で暮らすようになりました。

そのせいで、新婚生活の記憶はほとんどないそうです。

それでも、夫の仕事を、それなりに手伝っていた記憶はあるそうです。夫は司法書士だったので、法務局に書類を取りに行ったりしたことを、よく覚えています。

統合失調症になると、ずうっと寝ているとか、部屋に閉じこもっているというようにおもわれがちですが、菅原さんの場合は、けっこうふつうに仕事をしていたようです。

菅原さんのその後の記憶は曖昧です。しかし、精神科に通院し、統合失調症であると診断され、精神科が処方した薬を飲み始めたことはたしかです。それに、菅原さん自身も、「薬を飲んで治す」という思いにとらわれていたようです。

そのため、何年も薬を飲み続けているうちに、徐々に薬の種類も量も増えました。

統合失調症の症状が激しく悪化するようなこともあり、そのときには自殺未遂のようなこともあったようです。重度の統合失調症の患者さんということで、鉄格子のある閉鎖病棟に入院したりもしたようです。

健康な人だと、忘れていたことであっても、何かの拍子に思い出したり、年表ふうに何があったかを書いていくことで、失われた記憶を埋めることができたりします。しかし、菅原さんの場合、記憶が飛んでしまって戻らないのです。そのため、いつ、どのようなことがあったかと、記憶をたどることができません。

お酒を飲みすぎて泥酔すると、ある時間の記憶がまったくなくなるということもあるようですが、それに似ているかもしれません。

それに、重度の統合失調症のころの記憶というのは、いずれもつらいものばかりであり、思い出したくもないことばかりです。人間は、忘れることによって健全性を保っているというところもあるので、根掘り葉掘り聞くことはためらわれます。

倭子が、菅原さんと再会したのは、日比谷のクリニックで出会った10年後ですが、そのときには、「お茶碗いっぱい」の薬を飲んでいました。お茶碗一杯などありえないと思われるかもしれませんが、１００錠ほどともなると、軽くお茶碗一杯になります。

具体的にいうと、薬をのむのは、朝、昼、晩、寝る前の１日に４回です。薬は５、６種類です。１種類を１回に５、６錠のむので、１回に25錠から35錠くらいのむことになります。寝る前は、昼間３回よりも多くのみます。

退院するやいなや倭子のところに

日比谷のクリニックで、倭子に会うわけですが、よく話を聞くと、会っただけで、話をすることはなかったそうです。

このあたりの記憶も曖昧で、別のときには、日比谷のクリニックでは、倭子から1、2回ヒーリングを受けたともいっています。

会っただけで話しもしなかったのに、退院するなり日比谷のクリニックに電話をするというのはヘンです。しかも、その電話で、

「私を治すことができるのは倭子先生だけだ」

と、いっていたわけですから。

おそらく、1、2回、クリニックで倭子のヒーリングを受けたのでしょう。

そのころに、自殺未遂のようなことがあって、これは危ないということで、閉鎖病棟に半年ほど入院したのではないでしょうか。

入院は半年ほどで、退院するなり日々谷のクリニックに電話をしたそうですが、そのときはすでに倭子は独立していました。

日比谷のクリニックで、倭子の連絡先を教えてもらい、菅原さんが谷塚の倭子のもとに来たのは36歳の春でした。菅原さんは、桜の花が咲いていたことを、よく覚えていました。

そうして、「2度目に先生にお目にかかった」と、菅原さんはいうのですが、日比谷のクリニックで1、2回倭子のヒーリングを受けていたのならば、2度目ではないというこ

とになります。

菅原さんは、このあたりの記憶についても、飛んでしまっています。思い出すこともないようです。それが、統合失調症の症状でもあるようですし、大量の薬の服用にも原因があるようです。

こちらのカルテを見ると、週に2、3回、多いときには4回ヒーリングを行ったとあります。菅原さんも、2回から多いときには4回ほどヒーリングを受けたことは、記憶に残っていました。

夜中、明け方を問わず、菅原さんもご両親も

菅原さんが倭子のところに来る最初のころは、父親に抱き抱えられてきていました。なぜなら、暴れるからです。

可愛いお顔立ちではあったのですが、口が半開きになっていて、ヨダレをたらしていたので、一目で普通ではないことが分かりました。

家に帰っても、夜中に突然家を出るなどのことがあったようです。それは、自殺をするために家を出たということで、家族が心配をして探し回ったりしたそうです。

家族のものが、どうすればいいかと、倭子に電話してくることもありました。そのとき、倭子は、

「自殺することはありません」

と、きっぱり言い切っていました。

倭子にはっきりとそういわれて、もうそれだけで家族の人は安心したそうです。

そのあと落ち着いて菅原さんを探して、家に連れて帰ったそうですが、それで終わったわけではありません。

家に帰るや、物凄く暴れて、手がつけられなくなったそうです。

そこで、また倭子に電話をしてきて、菅原さんに電話を代わり、

「大丈夫ですよ」

と、倭子がいうと、もうそれだけで菅原さんは、おとなしくなったそうです。

それは、一度や二度のことではありませんでした。まあ、しょっちゅうだったですね。

電話は、夜中にかかってくることもあれば、明け方にかかってくることもありました。

倭子は、いつ電話がかかってきても、キチンと応えていました。あの姿には、本当に頭が下がります。

薬の量は「お茶碗いっぱい」もあり、のむと歩けなくなった

菅原さんが、谷塚の倭子のところに通いはじめたころは、薬を「お茶碗いっぱい」毎日のんでいました。１日に４回のむわけですが、１回25錠から35錠ほどのむと、ほとんどその途端に歩けなくなります。足や手などがしびれ、意識がぼんやりとしてきて、歩けなくなるのです。

そのようなことを、１日に４回も体験しているので、菅原さんは、「私の体調がこんなにも悪いのは、薬のせいだ」と思って、薬をのむのを止めてしまったことがあったそうです。それも、薬を処方してくれたお医者さんには内緒で。

そうすると、体調が物凄く悪くなり、倒れてしまいました。すぐに救急車で病院に運び込まれ、ことなきを得ました。

これは、「薬を勝手に止めてはいけない」という教訓です。

症状がよくなれば、お医者さんは薬の量を減らしてくれるので、症状を軽くして、薬の量を徐々に減らすといいようです。

菅原さんは、ワコ・ネイチャーのヒーリングを受けることによって、徐々に症状が改善していきました。だから、薬も徐々に減らしていくことができました。

そのような縁のない方、症状を改善させるものがない方は、薬が増える一方になるのではないでしょうか。

それに、この時期の菅原さんについては、ヒーリングとともにヒーリングボックスも統合失調症の改善に大きな効果をもたらしていたようです。菅原さんは、眠れないということで相当に苦しんでいたのですが、そのことに直接大きな改善効果があったのが、ヒーリングボックスでした。

菅原さんは、ヒーリングボックスを手に入れることによって、眠れないことの不安がなくなってしまったのです。

倭子の教え「シックス・センスを競ってはいけない」はとてもは大切

菅原さんが、退院するやいなや倭子を探し、谷塚にやってきたのは、なんとしてでも病気を治したいという強い気持ちがあったからでした。漠然と、治ればいいなあと願うのではなく、なんとしてでも治そうと決意したのです。

それは、子どものためだったようです。自分が病気のままだと、子どもに迷惑をかけてしまう。それを、なんとしてでも防ぎたかった。

両親のこともありました。両親も年をとってきているので、自分が病気のままだと、たいへんなことになると分かっていたようです。

それらのことで、生半可な気持ちではなく、なんとしてでも病気を治すと決意したのです。これが、とても大切なところだとおもいます。

最後に、菅原さん自身が、『脳ヒーラー安田倭子72歳』（２０１３年刊行）に書いたものを、ご紹介します。

※

倭子先生のヒーリングを受け、ヒーリングボックスを手に入れてからは、順調によくなっていったのですが、その間何もなかったわけではありません。

ワコ・ネイチャーの北に向いた窓から、瑠璃宮殿が見えました。瑠璃宮殿が見えた人は40人を超えるそうですが、私は早い時期に瑠璃宮殿を見たクライアントの一人です。

それに、そのころ「シックス・センス」という映画が上映されていました。

死者が見えてしまうコール・シアーが、その能力ゆえに、小さなときから苦労をするという話です。

エンディングロールで、じつは「マルコムが死者だった」ことがわかる、という恐いオチのついた映画です。

「シックス・センス」って、そもそも第六感（霊感）のことなのですね。当時のワコ・ネイチャーには、その「シックス・センス」のある人、いわゆる霊感のある人が、何人も来ていました。そのなかには、かなり霊感の強い人もいました。

「シックス・センス」という映画に出てくるいくつかのシーンは、見覚えのあるものでした。映画を見る前に、すでに見たことのある映像でした。

ふと、そのようなことをいうと、倭子先生からひどく叱られました。

「シックス・センスがあるから偉い」

ということではないというのです。

「シックス・センスを競う」

などということを、してはならないともいわれました。

病気や薬のせいもあります。シックス・センスではなく、たんなる幻覚あるいは幻聴であることも多いようです。正しいシックス・センスと、魔あるいは魔境とはとても似ているのです。

そのあたりのことについて、しっかりとした指導を受けました。そのことがあって、私は間違った道に連れて行かれることなく、まともに元気になることができたと思います。

退院して、私はよくなりました。薬は完全に飲まなくても平気になり、仕事もしています。かつての自分からすれば、まるで別人です。

いまふと病院時代のことを思い出します。一緒に病院に入っていた人のなかで、私のように社会に完全に復帰できた人はいません。入退院を繰り返して、人格が完全に破壊されてしまったり、疲れてしまって死んでしまったり……。

いま連絡をとれる人は、一人もいません。

最近では、若い女性の患者さんが増えているそうです。倭子先生のところに来ることができればいいのですが……。

※

第5章　断薬はとても大切、だが……

断薬① 菅原美穂さんから見えてくる統合失調症対策 ①

薬をのんで治すという思いのためか、1、2度のヒーリングで縁が切れる

倭子に直接たしかめたのですが、クリニックで菅原美穂さんを診たのは、1、2度だったそうです。そのころ、菅原さんは、すでにかなり長期の統合失調症の患者さんでした。ということは、統合失調症の薬を長期にわたって飲み続けていたということです。

もう一つ、とても重要なことがあります。精神科クリニックに来ていた当時の菅原さんは、「薬を飲んで統合失調症を治そう」と思っていたのではないでしょうか。風邪や腹痛を、薬を飲んで治した経験から、お医者さんが処方してくれた薬を、お医者さんがいうとおりにのんで、統合失調症を治そうとしていたのではないでしょうか。

そのため、この時点での倭子との縁が、1、2度で切れてしまったのではないでしょうか。

統合失調症の薬は、症状を改善させる（＝暴れなくさせる）ための薬？

統合失調症は、原因がはっきりと分からず、発症までのメカニズムも、十分には解明されていません。ですから、治すための薬というのはないといってよいでしょう。

それにもかかわらず、お医者さんからAという薬が処方され、それが効かなかったときにはBという薬に変えられ、それも効かないとCとDという薬に変えられるなど、次々と薬が変わっていきます。

そのほか、薬の量が変わることもあります。Dという薬が2錠で、1日に3回で変わりがなくても、1錠のなかに含まれる薬の量が2倍になっていたりするわけです。しかも、原因がわからない統合失調症の薬ですから、統合失調症を治すという役割を担った薬ではありません。

では、なんのための薬かというと、「症状を改善させるための薬」ということになります。

これは、どういうことかというと、統合失調症の患者さんは、よく暴れたりするわけですが、そのようなこと（症状）を弱める（改善させる）薬です。

要するにおとなしくさせるための薬であり、さまざまな活動を弱める薬です。そのため、統合失調症の薬を飲んだ患者さんの多くは、すぐに眠たくなります。だから、夜眠るときにはなかなか眠れなくなります。

おとなしくなる薬を飲み、暴れることがなくなるということは、たしかに「症状」が「改善」されたということになるわけですが、そのことにより統合失調症が治る方向に向かっているわけではありません。薬が切れれば、統合失調症は元通りの姿を現すわけです。

現在の統合失調症の薬の恩恵を、もっとも得ているのは、まわりの人たちです。なにしろ暴れなくなるわけですから、まわりの人は助かるわけです。

統合失調症の薬にも、さまざまな種類があり、すべてが症状を改善させるための薬ではないかもしれませんが、おもな薬は症状を改善させる（＝暴れなくさせる）ための薬です。

勝手に絶薬することはよくありません

倭子は、薬全般を否定しているわけではありません。しかし、統合失調症の患者さんの立場に立てば、できるだけ薬は減らすべきであり、早期に薬を絶つ（絶薬）ことが、最も望ましいのです。

ただし、薬を絶つときは、患者さんの判断で勝手にやると、ほとんどのケースで副作用があります。まずは主治医の先生とよく相談をし、薬を減らす努力をされたほうがいいでしょう。そのときに症状が改善されていることなどを、訴えるのもよいでしょう。

それまで1日に20錠飲んでいたのを、きっぱりやめてしまうと、おそらく重篤な副作用が起きると思われます。少しずつ減らしていくことが望ましいのです。

菅原美穂さんは、日比谷のクリニックに来たときは、自分に処方された薬を信じていたに違いありません。それは、菅原さんだけではありません。現代人のほとんどは薬を信じているといっても過言ではないくらいです。

ですから、もちろん菅原さんが悪いわけではありません。ほとんどの現代人と同じように「薬をのんで病気を治そう」と思っていただけですから。もしも悪いところがあったとしたら、その病気が統合失調症であったということかもしれません。

精神科クリニックでは、倭子は「統合失調症の薬はよくない」とはいわなかったと思います。あるいは、問診しているときに、そのようなことをチラリといったのかもしれませんが、はっきりとはいっていないはずです。

そのときは、そのようなことで、菅原さんとの縁は切れてしまったのでしょう。

断薬② 吉川さん（男性）から見えてくる統合失調症対策②

発音がおかしく、動作がとても遅かった

それまでに服用していた薬を、自分の判断だけで止めてしまうことはよくないばかりか、とても危険です。薬の多くは自然のものではなく化学物質ですから、その意味で身体によいものではありません。しかし、薬を一度飲みはじめたならば、途中で止めることについては、慎重でありすぎるということはありません。鬱や統合失調症については、特にそうです。

サトルエネルギー学会の秋のシンポジウムがきっかけで、吉川さん（男性）は、クライアントさんになりました。

倭子がはじめてお目にかかったとき、すでに薬を大量に服用しておられました。ご本人は「精神的にかなり病んでおり、山のように薬を飲んでいました」と、その当時のことを

語っておられます。

発音がおかしかったり、動作が老人のように遅く、鈍かったりしていたのは、薬の副作用のせいだと、倭子も私もすぐに分かりました。

「山のように薬を飲んでいました」と、おっしゃっていましたが、実際には1日に20錠ほどでした。それだけの薬を医師から処方され、毎日飲んでいたわけです。

シンポジウムが終わった後に、知り合いの理事の方が、吉川さんの腕を引いて、倭子のところにやってこられました。

そうして、

「この青年は、精神が痛んでいるのですが、なんとかならないでしょうか」

と、紹介されました。

「はい。大丈夫ですよ」

と、倭子は明るく元気に答えました。

それは、とても混雑しているなかでのことだったので、倭子は名刺をお渡しして、

「ここにお電話してください」

といいました。

「これから、いろいろとお世話になりますが、どうかよろしくお願いします」

吉川さんは、そういって会釈をされ、その日はそのままとなりました。

肉体に必要でないものを外しているので、咳が出てしまう

吉川さんは、翌日に電話をくれましたが、そのときは早くても3週間待ちの状況でした。

「時間はいつでもよろしいので、できるだけ早くお願いします」

と吉川さんはいわれたので、キャンセルが出た日に優先的にスケジュールを取ることにしました。

そうして、わりあいに早い日時に、ワコ・ネイチャーに来ていただくことになり、その日から脳ヒーリングをはじめました。

脳ヒーリングのカウンセリングで、

「統合失調症で20年間も苦しんでいる。薬も毎日20錠飲んでいる。それらのためにもう一生治ることはないと諦めている」

ということを、倭子は聞きました。

「必ず改善します。薬を飲む必要がなくなります」

倭子は、そうはっきり言い切りました。

脳ヒーリングが始まり、しばらくすると、倭子の助手2人が「ゴホン、ゴホン」と咳をしはじめました。

吉川さんが、

「どうなさったのですか?」

と聞きました。

「今、肉体に必要ではないものを外しているので、咳が出てしまうのですよ」

そう助手の1人が答えました。

これはそのとおりであったのか、倭子は何もいいませんでした。

そのあと、なんとかして薬を減らしたいという話になり、

「薬をいっぺんに止めてしまうと反動が来るので、これから少しずつ減らしていけたらいいですね」

とだけ、倭子はお伝えしていました。

その後、吉川さんは脳ヒーリングを3回ほど続けて受けて、クリニックに行ったところ、症状が見違えるほどよくなっていて、担当医は、薬の量を減らしたそうです。

お医者様から薬を減らされた最初の夜は、恐る恐る眠りについたそうですが、なんともなかったそうです。

その翌朝、吉川さんは「自分の統合失調症は必ず治る」と確信したそうです。

60兆個の細胞さんに、ずいぶんご負担を、おかけました

脳ヒーリングを5回受けた後には、一日に20錠であった薬の量が、6錠にまで減っていました。そのことには、医師の処方が減ったこともありますが、自分の判断で薬をカットしたこともあったようです。

そのため、強烈な不安に駆られることがあり、倭子のところに何度か電話が入りました。そのたびに、

「いきなりそんなに止めないで、無理のない範囲でね」

と、倭子はアドバイスをしていました。

そうして、薬を急に減らすのではなく、徐々に減らしていくことで、強烈な不安に駆られるということもなくなったようです。

吉川さんは、それまで20年ものあいだ、寝る前に相当の量の薬を飲んでいたわけですから、身体がそのことをよく覚えています。それが突然、入ってくる薬の量が激減したわけですから、身体が驚くのも無理はありません。

身体が防衛するつもりで、「強烈な不安」症状を起こしたわけです。それは、身体にとっての「たすけてー」の「叫び」であったのでしょう。

その後、脳ヒーリングを合計15回受け、さらに薬をカットしました。余った薬はダンボール箱に入れたそうです。

吉川さんは、段ボールに入れた薬を見て、

「脳ヒーリングに出会わなければ、この薬を全部飲んでいたのだなあ」

と思ったそうです。

それもそうですが、吉川さんは20年近くも、その薬を全部身体の中に入れていたのですね。倭子なら、きっと、

「自分の身体の60兆個の細胞さんに、ずいぶんご負担をおかけました」

というのではないでしょうか。


どんなに重い統合失調症の方も、諦めないで欲しいと切に願っています

吉川さんは、まだ断薬していません。毎日4錠の薬を飲んでいるそうです。20錠飲んでいたのが、4錠に減ったわけですから、大進歩ではあります。

しかも、その4錠を来年には2錠にすると、おっしゃっていました。それができると、薬を完全に止めることができそうだと目を輝かせていました。

吉川さんは、倭子に手紙をくれました。その最後の部分をご紹介します。

※

ワコ・ネイチャーヒーリングと縁を結んで、8ケ月が経とうとしていますが、倭子先生の勉強会で、私と同じ統合失調症の悩みを持った方々の体験談を聞き、本当に薬を手放すことが出来たことに驚いています。

脳ヒーリングを受けることによって、私の身体そのものが、どんどん元気になってきているのが、よく分かります。

倭子先生や脳ヒーラーの方々に支えられて、本当に感激の気持ちでいっぱいです。

私がいま世に伝えたいことは、どんなに重い症状の統合失調症でも、必ず改善されるということです。

20錠も飲んでいた薬が、わずか8ケ月のあいだに4錠にまで減って、さらに完全に薬を手放せる状態になるのが目に見え始めている私は、どんなに重い統合失調症の方も、諦めないで欲しいと切に願っています。

※

脳の機能の回復　菅原美穂さんから見えてくる統合失調症対策③

ヒーリングボックスで自律神経を整える↓不眠症改善↓統合失調症改善

菅原さんが、独立した倭子を訪ね、脳ヒーリングを受け、完全に断薬するまで、5年ほどかかっています。徐々に薬を減らしていったと、先に書きましたが、長年統合失調症を患い、毎日大量の薬をのんでいたわけですから、5年での断薬は短いともいえます。

統合失調症のクライアントさんのなかには、夜になっても眠りにつくことができない方が多くいらっしゃいます。睡眠不足は、免疫機能を大きく低下させ、身体に強いストレスとなります。ストレスが長引けば（多くのケースで長引きます）、自律神経が乱れるので、統合失調症のクライアントさんは、自律神経失調症にもよくなります。

自律神経には、興奮を鎮めたり、身体の不調を整えたりする大切な働きがあります。それが不調になるわけですから、統合失調症の患者さんは、ダブルパンチを受けたようなことになってしまうわけです。

薬
薬は
いらない…!

ヒーリングボックスには、自律神経の乱れを整える作用があります。そのため、不眠症などあっというまに改善されます。そのことにより、統合失調症の症状も改善され、不眠症のための薬をのまなくてもよくなることもあります。

睡眠不足↓自律神経の乱れ↓精神にダメージ

統合失調症のクライアントさんに、夜になっても眠りにつくことができない方が多いのは、薬の副作用ではないでしょうか。先にも書きましたが、統合失調症の薬をのむと眠たくなります。そのため、夜になってしっかり眠らなければならないときに、眠れなくなるのではないでしょうか。

そうだとすると、睡眠不足は、身体に強いストレスになるので、睡眠不足が長引けば、自律神経が乱れます。

自律神経が乱れると、精神にもダメージを与えることになります。

自律神経は、脳の中のセロトニンという神経伝達物質の作用で、興奮を鎮め、身体の不調を整える大切な働きをしています。統合失調症の患者さんのなかには、自律神経失調症という病名のついている方も、かなりいらっしゃいました。

自律神経失調症の症状は、次のようなものだといわれています。

めまいがする
冷や汗が出る
貧血を起こしたように突然倒れてしまう

クライアントさんには、働き盛りの年令の方が多く、おそらく仕事のストレスで、毎日ヘトヘトになっておられるのでしょう。ストレス過剰は、本当に困りものです。脳の機能を阻害する直接の原因で、いちばん多いのは、ストレスではないでしょうか。

心臓の位置にお戻りください

倭子は、統合失調症のクライアントさんの頭に手を当てると、脳の動きを感じ取ることができます。
「脳の動きは、まるで心臓が拍動しているかのよう。脳全体が、まるで別の生き物のように、のたうち回ったり、ヒクヒクと苦しんでいたりもします」

そのように倭子は表現しています。

その脳へ、倭子は、静かに、優しく手のひらから意識を送り込んでいきます。

「あなたの心臓は、ここではないでしょう。心臓の位置にお戻りください」

そのようにメッセージを送り続けていくと、やがてあれほど拍動していた脳が穏やかになります。海が穏やかになり、水面に波風も立っていないかのような、静かなひとときが訪れるのだそうです。

深い眠りが安らぎをもたらしてくれる

倭子は、たいがい脳ヒーリングの前にカウンセリングをします。そのカウンセリングで、クライアントさんはよく「全然眠れない」と苦しさを訴えます。

そのクライアントさんが、脳ヒーリングを受けると、スヤスヤと寝息を立てて眠ってしまいます。スーッと眠りに落ちるという感じです。

倭子は、

「眠った時間はわずか10分でも、その眠りはとても深いものです。長いこと味わったことのない、安らぎをもたらしてくれます」

といいます。

私が見たところでは、10分間眠るという人は少なくて、１時間近く眠る人の方が多いように思います。

医学的には死んだ脳細胞……、でも生きている？

その女性は同じところを何度も読んでいた

30歳代の統合失調症の女性の例です。

その女性は、『アネモネ』という雑誌の同じところを何度も読んでいたそうです。

それを見たお母様が、なぜそんなに同じところばかり読むのだろうと、その頁を見たら、そこには倭子の記事が載っていたそうです。

その女性は、

「統合失調症を治すには、脳の何かを治すことだ」

と、直感的に思っていて、倭子が、

「脳の機能は、回復する」

ということを書いていたため、とても感動して何度も読み返したということのようです。

医学的には死んだ脳細胞でも、ヒーリング的には生きている？

1度死んでしまった脳細胞は、2度と甦ることはないそうですが、倭子がクライアントさんの頭に手を当て、脳を触りますと（頭の上から脳を触るわけですので、実際に触るわけではありません）、生きている脳がとても多いといいます。

医学的な観点からは死んだとされている脳細胞であっても、ヒーリングの観点からは、脳は生きているということが、しばしばあるわけです。

このことをどう考えるかですが、1度死んでしまった脳細胞が生き返ることはないというのは、そのとおりなのでしょう。しかし、ほかのところの脳が、死んでしまった脳の代わりになって、その機能を復活させるということは、あるのではないでしょうか。

実際にそのようなことはあります。というより、ワコ・ネイチャーでは当たり前といってもいいほど、日常茶飯事にそのようなことが起きています。ですから、死んでしまった脳の代わりをほかの脳がやって、機能を復活させているとしか考えられないわけです。

　別のクライアントさんの例ですが、交通事故で脳の言語野が崩壊してしまいました。しかし、その人が見事に言葉を取り戻しました。言語野が崩壊してしまったわけですから、当然、言語を話すことも書くこともできなくなるはずです。それが再び話すことも書くこともできるようになったわけですから、他の脳が肩代わりをすることによって、読み書き話すという機能を復活させたとしか考えられません。

　統合失調症というのは、なんらかのせいで脳のある機能が働かなくなったり、脳のある機能が働きすぎたりすることによって、発症するのではないでしょうか。ということは、脳のはたらきが統合失調症発症の前に戻れば、治るのではないでしょうか。

「脳のはたらきが元に戻ることによって、統合失調症が改善される」ということは、医学的に認められていることではありません。しかし、何年もの間、統合失調症のクライアントさんに脳ヒーリングを行い続けることにより、これは間違いないと、倭子は確信しています。

駆け込み寺としての脳ヒーリングの重い使命

食欲がない、朝早く目が開いてしまって眠れない、腰が痛くて歩けない、耳がよく聞こえない、腕が重いなど、いろんなことを訴えてくるクライアントさんがおられます。このようなクライアントさんの多くは、内科、神経科、脳外科など、あちらこちらの病院に行っていることが多いようです。

何科にいっても少しもよくならないので、脳ヒーリングに行き着いたということでしょうか。倭子は、

「ワコ・ネイチャーは駆け込み寺よ」

といいます。

どこに行ってもよくならなかった人が、最後に来るところという意味だとおもいますが、そうだとすると、これはとんでもなく大事なところではないでしょうか。

重い使命をになって倭子が脳ヒーリングをすると、どこに行ってもよくならなかった人の多くは、左右の脳がとてもアンバランスになっているそうです。

そういう場合は、1回の脳ヒーリングでは難しいと倭子はいいます。でも心配はいりま

せん。何回か通っていただくと、よくなります。

初めて脳ヒーリングを受けられた方の多くは、本当に効果があるのだろうかと少なからず疑心暗鬼で、なかには恐がっている方もおられます。

そういった方でも、脳ヒーリングを始めて数十分もすると、それまでに感じたことのない心地よさを感じられます。大変喜ばれ、満足されます。

倭子の意識が直接働きかけている

鬱、神経症、頭痛の方に、胃や腸の悪い方が多いのは、脳と内臓は連動？

倭子は、細胞さんと対話をしながら脳ヒーリングをするのですが、そのときクライアントさんの腸が、グルグルと音を立てて、お返事してくれることもあります。身体というのは、単にパーツがいくつか組み合わされているのではなく、緊密に連携していて、連絡を取り合っているのではないでしょうか。

脳ヒーリングを行ったときに、腸がグルグルと音を立てるのは、頭もリラックスしていますよという返事です。

脳と内臓は連動しています。だから鬱の方、すごく神経質な方、いつも頭痛の方などは、胃や腸の流れが悪く、便秘になったり、胃や腸の悪い病気にかかったりしやすい、ということを、脳ヒーリングの経験から、倭子はいっています。

倭子の意識が、その方の脳から身体へ直接働きかけているようです

身体の中の痛い部分や苦しい部分については、倭子はカウンセリングをしながら透視し、倭子の意識とクライアントさんの脳をリンクさせます。

その瞬間、ものすごく気持ちが良くなったと、クライアントさんは異口同音にいわれます。そこには言葉も、薬も必要ありません。倭子の意識と相手の方の脳がつながり、倭子の意識が相手の脳を通じて、相手の身体へ直接働きかけるのです。

このとき、クライアントさんの自律神経は、まだ乱れていますので、いきなり正常な働きはできません。ですから、倭子の意識から発する自律神経の指令を、手のひらからダイレクトにクライアントさんの脳へ送り、クライアントさんの不調を訴える身体の各部位へ伝達し、バランスの乱れを改善していくのです。

乱れている自律神経の働きを、薬を使わず脳ヒーリングで少しずつコントロールしていくことが、回復に大きく役立つと、倭子は考えています。

倭子の手のひらから発するフォトンが、血流が悪くなって、働きの鈍っていたクライアントさんの脳を活性化し、本来備わっていた脳の働きを取り戻していきます。

そのことにより、脳からの伝達が、身体のすみずみにスムーズに行われるようになります。それが、身体の不調の改善につながるのです。これは意識細胞光療法の原型でもあります。

第6章　お医者様の常識、ワコ・ネイチャーの常識

石野先生のご一家

山形県酒田市でお生まれになりました

石野先生がお生まれになったのは、山形県酒田市です。お父様が内科医で開業しておられました。内科医といっても、昔のことなので、外科も耳鼻科も皮膚科も小児科もやっていました。いまは専門医制度になっていますが、当時はぜんぶやることができたそうです。といっても、産婦人科はしなかったそうです。そのころ酒田市では、ほとんどの人が家で産んでいたのですね。それに、お医者さんではなく、産婆さんが、赤ちゃんを取り上げていました。

最初は、診療所としてやっていて、後に医院になったそうです。いまはさまざまな医療

機関がありますが、当時は医療機関といえるほどのものは、ほとんどなかったそうです。

そんななかで診療所を開き、午前中は診療所で診療をし、午後にはバイクに乗って、山を越えるなどして、かなり遠くまで往診に行ったそうです。途中から、車に換わりましたが。

往診に行くと、とにかくなんとしてでも治そうと頑張り、お金は眼中になかったようです。そのため、患者さんから、よく野菜などをもらって帰って来ていたそうです。ですから、お母様はたいへんだったとおもいますが、文句もいわずにお父様のやり方に従っていたそうです。

家では鯉を飼っていて、その鯉がぐったりしていると、すっと手で掬い注射をしました。そうすると、鯉が元気に泳ぎ始めたそうです。

鳩もいっぱい飼っていて、元気がなくなると注射をし、元気にしていました。猫にかまれたのを、ペニシリンを打って、縫ったりもしていたそうです。


京の都と山形県は、ダイレクトにつながっているのではないでしょうか

山形県には、東北でただひとつ、皇族のお墓があります。蜂子皇子のお墓です。蜂子皇子は、崇峻天皇の第三皇子です。

崇峻天皇は、蘇我馬子によって暗殺されました。このとき、崇峻天皇よりも蘇我馬子のほうが、大きな権力を握っていたようです。

そのとき、皇子も危ないと、聖徳太子が蜂子皇子をかくまって、ひそかに宮中から脱出させました。……というのが、現在、一般に知られている歴史です。

しかし、冠位十二階制度、十七条憲法、遣隋使派遣を主導したのは、実際には馬子でしたが、それを藤原不比等が、『日本書紀』に厩戸皇子（聖徳太子）が行ったものと記したということが囁かれています。いわゆる「聖徳太子はいなかった」説、「聖徳太子＝蘇我馬子」説です。

蜂子皇子は、現在の京都の由良から、船で北へと向かいました。そうして、現在の山形県の由良のあたりにたどり着きました。そこでふと見ると、８人の乙女が笛の音に合わせて、岩の上（舞台岩）で神楽を舞っています。

その神楽の舞の美しさにひかれて、蜂子皇子は、近くの海岸に上陸しました。その上陸地点が、現在の八乙女浦です。

蜂子皇子は、その後、三本足の烏（おそらくヤタガラス）に導かれて、羽黒山に登り、羽黒権現を感得しました。

そうして開いたのが、羽黒山、月山、湯殿山です。出羽三山とも呼ばれているこれらの山は、いずれも修験道の山です。修験では出羽三山が日本一だと、私は感じています。

修験道には、天狗がつきものです。鼻が高く（あるいは長く）、顔が赤いので、近年、ペルシャ人だったのではないか、などといわれています。

天狗も山伏も頭に兜巾（ときん。頭襟とも書かれる）をつけます。それは、ユダヤ教徒が祈りのときに頭につけるティフリンにそっくりです。ティフリンは、戒律を書いた紙を収めた箱です。そのことから、天狗はユダヤ人だったのではないか、などともいわれています。

京の都といまの山形県、修験の山は、ダイレクトにつながっているのではないでしょうか。

蜂子皇子は、その後、都の農業を今の山形県に伝えました。その蜂子皇子が伝えた農業は、またたくまに東北地方全体に広がっていきました。

山形県というと、私はこれらのことを思い浮かべてしまいます。ですから、石野先生のお父様や石野先生、石野先生のお兄様やお嬢さん、長男のお医者さんなど、いずれも現代医学一辺倒ではないお医者さんが輩出しても、なんら不思議はないとも思ってしまいます。

あの世に旅立つ人が、ご挨拶に来られる

昔のことですから、病院で死ぬという人は少なく、ほとんどの人が自分の家で何世代もの家族に見守られ最期を迎えました。お父様が診ておられた患者さんが、残念ながら最期を迎えてしまうとき、ベランダを歩く足音がしたそうです。

そのときは、お父様はもう家に帰っておられて、ベランダを歩く足音は、ゲタを履いて歩く足音だったそうです。

「ああ、〇〇さんがご挨拶にきているね」

と、お父様はいわれたそうです。

もちろんベランダには誰もいません。それにもかかわらず、〇〇さんがご挨拶に来ているということがわかり、ちょうどのその時刻に〇〇さんがお亡くなりになっていたそうです。

石野さんのお兄さんも、最期のご挨拶に来られた足音がわかったそうです。石野さんご自身は、ゲタの足音は聞こえなかったけれども、誰かが来ていることはわかったそうです。

昔の田舎の人はとても律儀で、「お世話になりました」とご挨拶をされて、旅立たれた

ようです。

近くのお寺の住職さんは、石野さんのお父様のお友だちで、そのとき鐘が鳴ったそうです。お医者さんに最期の挨拶に来られたあと、誰もなにもしていないのに、お寺の鐘が鳴ったわけですね。

そのお寺の住職さんは、近所の人によくご馳走をしていたのですが、そんなとき石野さんのお父様は、無料で予防注射をしたりもしていたそうです。本当にいい時代のいいお医者さんでした。

石野さんは、そんな環境で育ったので、誰に教えられたわけでもありませんが、あの世に旅立つ人が、ゲタを履いてご挨拶に来るのは当たり前だと感じていたそうです。

石野さんを脳ヒーリングしていて、お嬢様の異変を感じとった

石野さんはしっかり勉強をされ、大学病院にお勤めになり、解剖をやるようになられました。結婚をされ、ご主人は外科医です。

大学病院にお勤めになったばかりのころ、解剖をする部屋には、塩が盛られていたそうです。そのようなことが、自然に行われていたそうです。塩を盛るのは、もちろんお清め

のためです。

石野さんが、倭子のことを最初に知ったとき、ＭＲさんに「どうなんでしょうか」と、聞かれたそうです。ＭＲとは、医薬情報担当者のことで、医療従事者を訪問して医薬品の有効性や安全性などの情報を得て、教えてくれる人です。ＭＲは、全国にいてたいへんな情報網であるということを、私も聞いたことがあります。

そのＭＲさんが、

「あの先生はいいですよ。重篤なクライアントさんを、どんどん改善させています」

といったそうです。

それを聞いて、石野さんは安心をして倭子を訪ねてきました。

石野さんは、体調不良だったのですが、倭子のヒーリングを受けてすっかりよくなりました。石野さんご自身は、それでよかったということになったのですが、そのときお嬢様の脳に異常のあることを倭子が感じ取りました。

倭子が、そのことを石野さんに伝え、石野さんはすぐさま娘さんを、ご自分が勤めておられる大学病院に連れて行きました。

そうして、大学病院で調べたところ、腫瘍が見つかりました。若い人の腫瘍は、とても珍しく、すぐに手術になりました。脳の手術は、ナビゲータをつけて、ここを触るとここに反応がある、ということを見ながら行われます。

その手術は、10時間を超す大手術となりましたが、成功でした。


お嬢様はスキー大会に出場され、両膝の靭帯を完全断裂

手術後、しばらくして、お嬢様はスキー大会に出場されたそうです。そのスキーで、お嬢様が両膝の靭帯を完全断裂してしまいました。

完全断裂という診断のあと、石野さんは整形の先生3人に、

「本当に完全断裂なのですか」

と訊いたそうです。

すると3人とも、

「これは完全断裂だね」

といったそうです。

足の後ろにも靭帯があるため、歩けないことはないのですが、走ることはできなくなると予想されました。

脳腫瘍は取り除いたものの、十分にバランスをとることができていなくて、それが事故

につながったのかなあと、石野さんはおっしゃっておられました。

お嬢様が、倭子のところに来られたのは、靭帯完全断裂との診断が下された直後でした。1回の脳ヒーリングで、かなりよくなりました。その後、2回ほど脳ヒーリングをしただけで、両膝はよくなってしまいました。


完全断裂した靭帯が、こんなに早くきれいにくっつくのはおかしい！


靭帯が回復したあと、念のために大学病院に行ったそうです。

そうしたところ、膝のレントゲン撮影のあと、1時間以上も待たされたそうです。

なぜ、そんなに待たされたのかというと、200枚近い画像を見直していたからだそうです。主治医の先生は、20年近くも靭帯一筋にやってきている先生で、完全断裂した靭帯がこんなにも早くくっついたばかりか、そのくっつきかたがあまりにもきれいなので、「おかしい。おかしい」と画像を見直したというわけです。

お嬢様は、スキーでかなりいい成績を上げ、両膝の靭帯を完全断裂したにもかかわらず、成績は学年でトップでした。

ヒーリングボックスが大好きで、とくにグリーンとブルーの色が好きだそうです。グリーンとブルーは、脳に関係する色です。

お兄さんは、脳ヒーリングとヒーリングボックスによって（つまり名付ける前の「意識細胞光療法」ということになります）、完全断裂した靭帯が回復したことを知り、ヒーリングボックスを置いているリビングに布団を持ってきて、ヒーリングボックスにあたりながら昼寝をするようになったそうです。

そのせいでもないでしょうが、お兄さんは医大を卒業して、国家試験にもパスし、いまは研修医です。

その後、お嬢様も大学の医学部に見事に合格しました。

暖かい手に、手を取られて、手すりをつかむことができました

お嬢様が大学の医学部に入学され、解剖の実習をすることになりました。献体していただいたご遺体を解剖するわけです。たいへんな実習ですね。

そんなある日、とても遅くなってしまって、裏の階段から降りることにしたそうです。その階段は使用禁止になっていたのですが、まあいいかということで、注意をしながら降りていきました。

とそのとき、足を滑らせてしまいました。足もとが暗かったこともありますが、「滑りやすいので、使用禁止にされていたのかも」と、お嬢様は思ったそうです。

まっさかさまに墜ちてしまえば、命はないという気がチラリとしたそうですが、暖かいものに手を取られました。

暖かいものは、手のようでした。倭子も、うすいブルーに透きとおった大きな両手に抱えられたことがあります。そのとき、15センチくらい宙に浮いていて、

「ご縁のある方に、この光を届けなさい」

というメッセージを受け取りました。

お嬢様は、暖かい手に、手を取られて、手すりをつかむことができました。かすり傷一つなかったそうです。

お嬢様のお兄さんは、現在研修医で、患者さんの顔を見ただけで、治るかどうかわかるのだそうです。

ほんとうに不思議な、三世代にわたって、神様と現代医学の架け橋になっている尊いご一家です。

日向紀子さんご一家

ワコ・ネイチャーのクライアントさんは、みなさん長いお付き合いになります

日向紀子さんは、長女のことがきっかけでご縁ができたのですが、日向さんご自身も大きな問題を抱えておられました。なぜ日向さんが、大きな問題を抱えるようになったのでしょう。

それを解く鍵は、お父様にありました。そのことが、最初からわかっていたわけではありません。日向さんと長年にわたってお付き合いをすることによって、少しずつわかってきたのです。

ワコ・ネイチャーのクライアントさんは、みなさん長くお付き合いすることになります。なんらかの症状があってこられるのですが、何度か脳ヒーリングをすることによって、ほとんどのかたの症状は消えます。それでもお付き合いが長くなるのには、大きくは2つの理由があります。

一つは、クライアントさんご自身の症状は改善したので、次に問題を抱えている周囲の

人をなんとかよくしてあげたくなる。周囲の人は、仲のいいお友だちのこともありますが、父や母、子どもなど、圧倒的に家族が多いようです。

クライアントさんの周囲の人の心身の状態が改善されるころには、クライアントさんのほとんどが、倭子から伝授を受けて、脳ヒーラーになっています。

二つ目は、クライアントさんの症状が改善したあとでも、定期的に脳ヒーリングを受けるためです。ご自身、倭子から伝授を受けて脳ヒーラーになって、自己ヒーリングなども完全にできるのだけれども、まるでメンテナンスをするかのように、定期的に脳ヒーリングを受けるのです。

日向紀子さんは、前者と後者の両方です。ただし、後者の方は、脳ヒーリングを受けるのではなく、頻繁に脳ヒーリングを行うほうです。

手を切ったり、過食症、拒食症になったり

日向紀子さんのお父様は、皮の卸売会社の社長でした。商社に勤めていて、ヨーロッパに皮の買いつけに行っていて、その関係で独立したそうです。

独立してすぐのころは、たいへんだったようです。お母様は、おだやかな方だったので、お母様にあたったりもしたようです。

日向さんの妹さんは、父親に似ていたそうです。気が強かったのでしょう。

日向さんは、母親に似ていて、おだやかだったそうです。私が見たところでは、気の強いところもあるようなのですが。

それはともかく、お父様は、おだやかだった日向さんとお母様に、あたるということになったのでしょう。

それだけのことならば、よくある話で、なんということはないのですが、日向さんがストレスを内向させるところがあったので、たいへんなことになりました。

ストレスを内向させた日向さんは、自分で自分の手を切ったのです。ナイフで手を切ると、血が流れます。それを、

「ああ、切れているなあ」

と、ずうっと見ていました。いまでいうと自傷行為ですね。

過食症になったこともありました。夜中に、自分で揚げ物をつくって、全部食べてしまいました。お櫃（ひつ）にあるものを、全部食べてしまったこともありました。

そんなに食べられるものかと思いますが、食べたあと下剤を飲むのだそうです。たくさん食べたあと、吐くということは聞いたことがありますが、日向さんは下剤を飲んでいた

わけです。

そんな過食症をしばらく続けたあとは、拒食症になったそうです。ストレスを溜めて内向させる人のほかに、物事を完璧にこなさないと気がすまない人、責任感がとても強い人なども拒食症になりやすいといわれています。

過食症と拒食症は真逆の症状ですが、しばしば繰り返されます。日向さんがそうでした。過食症がしばらく続いたあと真逆の拒食症になり、それがしばらく続くと、またしても過食症になるというように繰り返されました。

お母様は、そのことに気づいておられたようですが、叱るというようなことはなかったそうです。わかっていて、見守ってくれたということでしょうか。

倭子を取材して書いた記事を読んだ

そのような状態ではありましたが、日向さんはお父様の反対を押し切って大学に進学しました。そうして、国家試験をパスして薬剤師になりました。

頼れる優しい銀行員のご主人と知り合い、結婚しました。父親が大好きな女性は、父親に似た人と結婚するようですが、日向さんの場合は、お父様とは真逆なタイプの男性を選んだわけですね。

日向さんは、長女が中学校に入る前、なんと精神病院に、薬剤師として勤務していました。薬剤師ですから、西洋医学、現代医学にもとづいた勉強をし、医師が処方箋に示した医薬品を出していたわけです。

ところが、日向さんは普通の西洋医学には、物足りないものを感じていました。その物足りなさが何によるものかは、分かりませんでした。だから、いろんな本を読みました。

いろんな本を読んだなかで、とくに強く印象に残ったことがありました。それは、20年近くも統合失調症を患っていた人が、薬をのまなくていいくらいにまで治ったという記事でした。

それは、倭子を取材して書いた記事であり、20年近くも統合失調症を患っていた人というのは、4章でご紹介した菅原さんでした。

中学校に入ってすぐに、やめたいといい始めました

長女が小学校卒業を間近にひかえたころ、日向さん夫婦は、私立の中学校に行かせようと考えるようになりました。いろいろと調べて、とてもユニークな教育方法で知られてい

る中学校がいいとの結論に達し、長女に勧めました。

するると、長女も「行きたい」といいました。

それで、その中学校に進学させたのですが、わずか数ヶ月で、止めたいといい出しました。

なぜ……。

その中学校は、幼稚園、小学校からつながっていて、幼稚園、小学校からあがってくる生徒が多く、中学校から入ると「よそ者」的な印象になるからかもしれません。

日向さんも、あとでそのように思ったそうですが、それは普通ならば、なんということもないことだとも思ったそうです。私も似たような話を聞いたことがありますが、最初はいろいろあっても、そのうちに混ざり合っていけるようですね。

対人関係が不器用？

ストレスを内向させてしまう自分と似ている！

そういえば、小学校のときも「イジメ」に近いようなことをされていたようでした。でもそのときは、お嬢さんは、おとなしくて可愛いほうなので、「イジメ」を受けやすいと、軽く考えたようです。

娘にトゥレット症候群の症状が

長女が入ったばかりの中学校を止めたがっても、母親としては「はい。そうですか」というわけにはいきません。

「もう少し我慢をすれば……」

と、慰めたり、励ましたりしました。

そうこうするうちに、娘がひっきりなしに、まばたきをするようになりました。いわゆる「チック」という症状です。

これは、たいへんだと病院に連れて行って、診てもらいました。

「トゥレット障害」との診断でした。

トゥレット(Tourette)症候群は、思春期の精神障害として、高い関心を集めています。

アメリカでは「トゥレット協会」があるくらいです。

抗ドーパミン作用の強い神経遮断薬が、トゥレット障害に効果があるとされています。いわゆる抗精神病薬、強力安定剤がいいということになります。

トゥレット症候群は、7歳くらいからはじまることもあり、ほとんどのケースで14歳までに発症しています。その意味でも、お嬢さんはトゥレット症候群に該当します。

ひんぱんにまばたきを繰り返す「チック」は、トゥレット症候群の診断基準にもなっています。そのまばたきなどの「目の運動チック」が、「顔の運動チック」から「頭の運動チック」に発展するケースも多いということです。

そのほか、多動症候群が合併することも多く、強迫性障害が合併することもあるといわれています。不安がひどくなったり、抑うつ気分になることも多く、衝動性が激しくなったり、自傷行為に走ることも少なくないといわれています。恐いことですが、自傷行為はお母さんとかぶりますね。

さらに、周囲との不適応から、自閉症を合併することも多いといわれています。

心に諦めの芽が育ち始めました

そのころ、お嬢さんは学校には行っていましたが、授業にはほとんど出ないで、ずうっと保健室で休んでいたそうです。いわゆる「保健室登校」ですね。

トゥレット症候群との診断により、抗精神病薬を処方され、はじめて服用したときは、翌日朝になっても起きることができず、保健室登校もお休みになったそうです。

その後も、抗精神病薬をのみ続けたのですが、いっこうによくなりません。そこで、お医者さんとよく話し合って、抗精神病薬をのむことをやめました。

すると「行動の繰り返し」が激しいものになりました。布団を畳んでは、また敷いて、それを畳んでは、また敷いてというように、果てしなく繰り返すのです。

それは、歩くという行動にも現れました。歩きはするのですが、少しも前に進みません。二歩前に歩くと、そのあと二歩後ろに下がり、また二歩前に進み、二歩後ろに下がるというように、ずうっと繰り返すのです。

そのようなことをしているので、身体はどんどん痩せていき、フラフラ状態になりました。

翌月の5月になると、幻覚がおこりはじめました。それは、そうとうに苦しいらしく、泣いてばかりいたそうです。

この時点で、統合失調症との診断が出て、それまでとは別の抗精神病薬が処方されました。その抗精神病薬を服用することにより、幻覚が出なくなったのですが、眠ってばかりの状態になり、目が覚めているときは、いつもイライラとしていて、怒りっぽくなったそうです。

日向さんは、統合失調症は治るという本を読んで、その本を書いた医師のクリニックを

受診しました。著者で医師の先生は、

「1年以内に必ず治る」

といいました。

それを聞いて日向さんは、とても喜びました。

せっせとそのお医者さんに通って1年経つと、薬の量は半分にまで減りました。でも、症状はさほど改善されませんでした。日向さんの心に諦めの芽が育ち始めました。

倭子の脳ヒーリングを受けるようになったのは、そのころです。

卒業資格を取得し、フルタイムの仕事に採用されました

お嬢さんは、結局、脳ヒーリングによってよくなりました。倭子の脳ヒーリングはもちろんですが、お母様が脳ヒーリングの伝授を受け、家のなかでもお嬢さんに脳ヒーリングを行ったことが、大きかったようです。

脳ヒーリングでよくなったわけですから、お嬢様は脳ヒーリングの素晴らしさをよく理解してくれました。その後、自分から進んで伝授を受けました。

学校のほうは、中学校をやめたあと、試験を受けて中学校の卒業資格を得ました。その

あと、引き続き試験を受けて高校の卒業資格も取得しました。途中でフリースクールのようなところに入ったりもしましたが、本人がしっかり頑張ったことが、卒業資格の取得に結びついたようです。

仕事のほうは、最初のころは、面接で落ちてばかりで、かなりまいっていましたが、やがてパートで使ってくれるところに入ることができました。そのとき、倭子と私は、お嬢さんの仕事ぶりをこっそり見に行ったことがあります。

かなりゆっくりの仕事ぶりでした。

どうなることかと思っていたら、そのお店がつぶれてしまい、お嬢様は失職しました。ところが、そのあとめげずに就職活動を続け、ついにフルタイムの仕事を見つけ、採用されました。ひっきりなしに、お客さんに接する職場なので、きっと辛いに違いありません。

それでも頑張り続けていて、最近では責任ある立場にいます。

お嬢様は、そろそろ適齢期に差し掛かってきました。以前、病に苦しんでいたなんて、まったく信じられません。本当に元気で、スタイルもよく、ダンスが上手で、きれいなので、幸せな結婚をするに違いありません。

不信感が強く、両親に対しても、学校に対しても反抗的でした

長男は、頭は悪くないのですが成績が悪く、だいたいが2だったそうです。頭は悪くないのに成績が悪いのは、勉強をしないからであり、親に対してもずうっと反抗的だったそうです。

日向さんがワコ・ネイチャーに通っていることは知っていて、いずれ

「あばいてやる！」

といっていたそうです。

やがてその日が訪れました。日向さんのご長男が、お母様と一緒にワコ・ネイチャーに来られました。私は、彼がワコ・ネイチャーに不信感をいだいていることを聞いていたのですが、心配はしませんでした。倭子にあえば、その瞬間に不信感は消えてしまうと信じていたからです。

実際に、そのとおりになりました。不信感がふっとんでしまったばかりか、倭子の脳ヒーリングを受けました。脳ヒーリングは、その後数回受けましたが、大きな変化はありませんでした。

しばらくして、長男はお母さんに謝ったそうです。

「自分がいろいろできないことを、親のせいにしていました」

そうあっさり謝ったそうです。

それから、お母さんのような薬剤師になると決めて、猛勉強を始めたそうです。通信簿がほとんど2ですから、さすがにお父さんのように銀行員になる、とはいわなかったようです。

性格のよさをかわれて大学病院へ

オール2の生徒が6年制の薬科大学へ。なんかビリギャルの男子生徒版のような話ですが、これがうまくいきました。猛勉強によって、第一志望の大学に見事に合格しました。

学校の先生も友人も、ほんとうにびっくりしたそうです。

大学ではしっかり学び、いま就活が終わったところだそうです。

「ちゃんとしたところに勤めることができそう」

長男は、そういったそうです。

日向さんは、調剤薬局でもいいから、しっかりとしたところに勤めてほしいと思っていたので、少し驚いたそうです。そして、聞きました。

「そこは、薬剤師さんが何人くらいいるの」

薬剤師の人数によって規模がわかるからです。

「うーん。80人くらいかなあ」

「えーっ！」

長男の就職先は、大学病院だそうです。ところが、その大学病院の採用試験の成績は、あまりよくなかったそうです。

大学病院の多くは、医学部に薬学科のようなものがあり、まずは自分の大学の卒業生を採用するということを聞いたことがあります。長男は、その大学病院の系列の大学ではありませんでした。そのうえ、採用試験の点数も、あまりよくなかったようです。でも、しっかり勉強をしたので、採用試験で落ちるというほど悪い点数でもなかったようです。

そんな長男が、なぜ大学病院に採用されたのか。

答は、性格のよさ、だったそうです。面接などもあったのでしょうか。採用官のみなさんが、とても好感を持ち、ぜひ来ていただきたい、というような声があがって、決まったようです。

薬剤師になると決めるまでは、両親にも、学校にも反抗的でした。そのせいで、成績もとても悪かった。その長男が「性格のよさ」をかわれて、大学病院に就職できた。
ほんとうに不思議なことがあるものだと、日向さんは喜んでいます。

次男の武史君は、生まれた翌月からアトピー性皮膚炎

日向さんの次男の武史君は、生まれた翌月にポツポツが出始めて、アトピー性皮膚炎と診断されました。その後、ポツポツはすぐに全身に広がり、膿と血で全身がグチャグチャになったそうです。アトピー性皮膚炎を引き起こす原因物質（アレルゲン）は、ダニ、ほこり、花粉、カビ、小麦、卵、魚、大豆、米、胡麻だったそうです。

医師は、それらを生活のなかから除去するように指導し、お母さんは忠実に実行しました。子どもにおっぱいをあげているお母さんも、子どものアレルギーを引き起こすものを食べてはいけないということで、それらのものを一切食べませんでした。家族にごはんをつくったときも、味見をしなかったそうです。

布団に寝かせると掻きむしって泣くので、お母さんは、武史君を抱っこしたまま家事をしたそうです。

赤ちゃんのころのアトピーは、３歳くらいになると改善することが多いそうですが、武

史君は改善しないまま小学校にあがりました。そのため、学校の給食を食べることはできないし、外食もできませんでした。

ケーキを食べてもまったく平気

その武史君が、ワコ・ネイチャーヒーリング主催のランチクルーズに、お母さんと一緒に来たことがあります。当時、武史君は小学校一年生でした。

お母さんが脳ヒーリングを受けて間もないころ、倭子が「お子さんもどうぞ」と、ランチクルージングに誘ったからです。そのとき、お母さんは、武史君の食べるものがないかもしれないと思ったそうです。

倭子たち一行が船に乗り込むと、ほどなく船上に美味しそうなお料理が、ずらりと並べられました。ランチクルージングの始まりです。料理を乗せたテーブルの端の方には、デザートのケーキもあります。

「何を食べても大丈夫ですよ」

そう倭子が武史君にいいました。

武史君は、真っ先にケーキを食べました。ケーキには卵もバターも小麦粉も入っているので、武史君にとっては「アレルゲンの塊」のようなものです。もちろん生まれてこのかた、ケーキを食べたことはありません。

あまりに自然にケーキを食べはじめたので、お母さんはあっけにとられました。その目の前で、武史君はあっというまにケーキを食べてしまいました。

ギャーと叫んで、全身アレルギーだらけになったらどうしよう。そんな顔をしている人もいました。

ところが……。

どういうわけかまったく平気なのです。

「なんだ。大丈夫じゃないか」

と、みんながホッとしました。

その後に、武史君はランチクルージングの食べ物を、片っ端から食べました。しかし、まったく何も起きません。

脳が素直に信じたから

武史君は、その後に学校の給食も全部食べましたが、何事も起きませんでした。武史君は、生まれた直後からのアレルギーを克服し、現在は元気に過ごしています。

武史君がケーキを食べてもアレルギーが起きなかったのは、倭子のことを「とても偉い先生です」と、お母さんが武史君に教えたからでしょう。

武史君はお母さんが大好きで、その大好きなお母さんが「とても偉い先生」だという倭子が、「食べても大丈夫ですよ」といったので、武史君は「食べても大丈夫」だと、素直に信じたのでしょう。

もう少し詳しく説明すると、まず武史君はお母さんを信じていました。そのお母さんがいった「偉い先生」が、脳にインプットされました。

その「偉い先生」が、「食べても大丈夫」といったので、武史君の脳に「食べても大丈夫」「食べても安心」が記録されました。

そのうえで、安心してケーキを食べだので、実際にケーキを「食べても大丈夫」だったのです。

医師に禁止されていたアトピー性皮膚炎の原因となるものを食べても大丈夫だったことから、学校の給食も平気になったのでしょう。

このことから、私は次のようなことを考えました。もしもなんでもない人を、お母さんが「とても偉い先生」だと武史君に言い聞かせ、ケーキを食べさせたらどうなったのだろう。

そう考えはじめて、気がつきました。あのとき、なぜ急に倭子が「何を食べても大丈夫ですよ」と武史君にいったのでしょうか。

それに、なぜ「お子さんもどうぞ」と、武史君をランチクルージングに誘ったのでしょうか。

私は、それは倭子の「受ける力」によるものだと思います。

倭子自身は、おそらくそのことを自覚してはいないのでしょうが、いま武史君をランチクルージングに誘ったほうがいいと、大きな「受ける力」が受信したのです。

いざランチクルージングがはじまると、武史君に、いまいうべきだということを、受信したのです。だから、絶妙のタイミングで、

「何を食べても大丈夫ですよ」

といったのです。

なんでもない人を、お母さんが「とても偉い先生」だと武史君に言い聞かせたら、どういう結果になったでしょうか。おそらくアレルギーが出たに違いありません。

倭子はよく「大丈夫ですよ」といいます。そして、そのとおりの結果を出しています。

だからといって、倭子のマネをして「大丈夫ですよ」といっても、大丈夫な結果になるこ

とはないのではないでしょうか。

三人の子どもがおかしくなったのは、私のせい？

日向さんの3人のお子さまは、それぞれにたいへんでした。でもいまは、3人の子どもは、見違えるほど元気で、屈託がなく、それぞれの場で大活躍しています。

そうなって日向さんは、「子ども3人がそれぞれに問題を抱えたのは、私のせいではないか」と思うようになりました。そして、その元凶は、日向さんのお父様なのではないかと。

倭子先生の後に見えるのがクルージング船

日向さんが脳ヒーラーになって活動し始めたころに、お嬢様のトゥレット症候群が改善し始めました。これは、日向さんの浄化がはじまったことにより、お嬢様のトゥレット症候群が軽くなっていったとも考えられます。

また、こうも考えられます。娘をよくしようと脳ヒーリングをすることが、日向さんのヒーリングにもなり、浄化にもなったと。

脳ヒーリングは、クライアントさまの悪いところを、ひとまず受けとって、自分のなかにお収めして、それを浄化していくということのようです。

それとともに、大いなる存在（神様です）から、エネルギーをいただき、それをクライアントさまにつなぐということもしています。

その場合には、脳ヒーラーはエネルギーを通す管になるわけです。

神様のエネルギーが、脳ヒーラーを通って、クライアントさんに注がれるということでしょうか。

エネルギーが、脳ヒーラーのなかを勢いよく流れるとき、脳ヒーラーのなかの汚れが取れてしまうということがあるのではないでしょうか。

だから、クライアントさまのために、エネルギーをつなぐことが、脳ヒーラー自身も癒されることになるのではないでしょうか。

お嬢様とお母様が、お祖母様に遠隔ヒーリング

日向さんとお嬢様は、いまやいろいろなことがよくわかりあえる仲間でもあります。苦しかった過去を、お互いの努力で乗り越えた同志でもあります。

子ども３人に、それほど心配をしなくてよくなったころ、日向さんのお母様が転ばれて硬膜下出血により意識不明になりました。日向さんたちは、救急車で病院に連れて行き、処置が早かったので、それほど大事（おおごと）にはなりませんでした。

それでも、体が不自由になり、リハビリ病院に入院しました。しかし、いっこうによくなりません。

そのリハビリ病院で、お母様がベッドから落ち、腰椎を骨折しました。

命に別条はなかったものの、あきらかにリハビリ病院の不手際です。そのリハビリ病院は、３ヶ月しか入院できないことになっていたのですが、リハビリ病院側の不手際による事故なので、お母様は半年もリハビリ病院に入院させてもらいました。

そうして、半年後、体が不自由なまま、お母様は退院され、家に帰られました。日向さんはお嫁にいったので、お母様は日向さんの実家に帰られたわけです。

そこから、日向さんのお嬢様の大活躍がはじまりました。ワコ・ネイチャーでの伝授には、遠隔ヒーリングがあり、日向さんもお嬢様も、それを伝授されていました。日向さんとお嬢様は、祖母に対して遠隔ヒーリングを行ったのです。

日向さんから聞いたところによると、お嬢様は1日に20回も遠隔ヒーリングをすることがあったそうです。1日に20回の遠隔ヒーリングというのは、私も初耳です。

お祖母様としては、可愛い孫からひんぱんにエネルギーを送ってもらえたのですから、嬉しかったでしょうね。

日向さんとお嬢様は、このときも同志だったわけです。

お祖母様は、どうなったかというと、完全に治ってしまいました。今日もスタスタ歩いて、買い物に行っておられると思います。

病院は、硬膜下出血から硬膜下血腫の手術をしてくれましたが、リハビリ病院は一体何をしてくれたのでしょうか。

腰椎を骨折させられただけのような気もしますが、リハビリ病院と脳ヒーリングが、親子三代の絆を、しっかりと深めたということでしょうか。

第7章　脳ヒーラーの素顔

痛みで人生を諦めていた山内玉江さん

ヒーリングボックスのいまの光は、最初のものの2倍以上

山内玉江さんが、倭子のところに通うようになったのは、２００６年8月のことです。忙しくなりすぎたために、倭子が日比谷の精神科クリニックを辞めてすぐのころでした。その当時、もうひとり熱心に谷塚のワコ・ネイチャーに通っている人がいました。その人は多田幸子さんです。多田さんは、山内さんよりも1ヶ月ほど早かったのですが、ほぼ同じ時期に熱心に通っていた仲間といっていいと思います。

そのころ、いまのような伝授はなく、「百日の行」が授けられていました。「百日の行」は、第六チャクラを強化する修行です。この修行により、透視能力が深くなります。

ヒーリングボックスは、まだありませんでした。私は、「来年5月連休明けにはできあがる」と伝え、台数を制限して予約販売を始めました。

２００７年5月に作り上げたヒーリングボックスは、いまのものとは違っていました。外側が真っ白でした。その後、外側はメタリックになり、その次は絵画が書かれた今のものにしました。

ヒーリングボックスの中身は、外側の箱に当たる部分よりも、はるかに多く改良しました。その結果、光は、いまは当初の2倍以上になっています。

行かないと決めていたのに、家に帰るとすぐに予約の電話をしていた

あのころは痛みで人生を諦めていました。そう山内玉江さんは、当時を振り返ります。倭子たちは、玉ちゃんと呼んでいます。私は、ちょっとそうは呼びづらいので山内さんと呼んでいます。

山内さんは、いつも背中と両腕が痛くて、指先を激しく使うと背中の痛みも激しくなりました。両腕は痛いとともに、腕がついていること自体、重くてたまりませんでした。

そのため、外出の際にはバッグを持つことが困難で、中身を取り出してポケットに入れ

ていました。それでも、やはりバッグを持っていないとおかしいので、空っぽになったバッグの中に緩衝材を入れて形をつくり、持ち歩いていたそうです。

外出のときは、そのように工夫することでなんとかなったのですが、辛いのは夜でした。背中と両腕の痛みのために、なかなか眠ることができず、ついには不眠症になってしまったのです。

内科と外科の両方、整体、気功、カイロプラクティックなどにも、当然、行きましたが、少しもよくなりません。

いちばん最初の
ヒーリングボックス

医師からは、筋肉弛緩剤と精神安定剤を処方され、
「この薬は軽いもので、何年飲み続けても、まったく副作用はありません。安心して飲んでください」
といわれたそうです。

そうして、それを服用しはじめたのですが、その薬を結局10年近くも服用し続けることになってしまいました。

倭子のところに来たときには、すでに薬をのみ始めて9年半ほど経過していました。それが、倭子の脳ヒーリングを受けることにより、半年ほどで薬を完全に手放すことができたので、きっちり10年間その薬を飲み続けたわけです。

苦しみはすぐになくなったが、完全によくなったのは4ケ月後

話は、薬を服用し始めて9年が経った頃に戻りますが、整形外科の先生から、運動をすることが痛みの改善につながるという話を聞き、やってみようということで運動施設に登録に行きました。

そうして、登録の手続きのため待っていると、

「安田先生というすごい先生がいて、多くの人があっというまによくなっているそうよ」

と知らない人から話しかけられ、なぜかご丁寧に電話番号も教えてもらったそうです。

ところが、山内さんは、そんないいところがあるとは信じられないので、その先生のところには行かないし、電話もしないと、そのときは決めていたそうです。

それが、家に帰ってしばらくすると、なぜだか電話をしてしまっていたそうです。

そうして、ワコ・ネイチャーヒーリングを訪ね、脳ヒーリングを受けたら、たちまち背中の痛みが消えてしまいました。

それが、山内さんにとって大きな衝撃でした。

　そのときのことは、私もよく覚えています。なぜなら、山内さんが脳ヒーリングを初めて受けて、帰って、しばらくすると、

「ワコ・ネイチャーヒーリングに行くときには、駅の階段を手すりにもたれながら一段一段降りてきたのに、帰りは手すりを使うこともなく階段を駆け上っていることに気づき、自分でもびっくりしました」

と電話がかかってきたからです。

「駅の階段の手すりにつかまらなくなったのは、10年ぶりのことです。そのことをお伝えしたくて、思わずお電話しました」

と、はずんだ声で続けました。

　ヒーリングを受けたとたんによくなったので、ヒーリングルームを出てから駅まで、スキップまじりだったそうです。その後に、そのときのことをそのように倭子にも話したそうです。

　そういえば、あのときたしかにルンルンした感じでした。

ヒーリングボックスを真っ先に買ってくれたのも山内さんでした

ヒーリングボックスが完成したあと、私は予約をとりました。ヒーリングボックスの完成前に、効果をいろいろと試していたので、山内さんはヒーリングボックスの威力については体験ずみで、よくわかっていました。そのため、いちはやく予約をしてくれたのです。待ちに待っていたヒーリングボックスを購入して、いちばん嬉しかったのは、よく眠ることができるようになったことだったようです。ヒーリングボックスは、毎晩とてもよい影響を与えてくれるので、ヒーリングボックスにあたりながら寝るのが、とても大きな楽しみになったそうです。

山内さんの背中と両腕の痛みは、脳ヒーリングによって完全といえるところまで改善されましたが、脳ヒーリングを休むとぶり返しました。背中と両腕が痛い地獄のような苦しみは、すぐに解消されたのですが、ほぼ完全といえるまでに改善されるには、4ケ月ほどかかりました。

それまでのあいだ、依然として不眠症は続いていたようです。背中と両腕の痛みが完全に解消されたときと、不眠症が改善したときと、ヒーリングボックスを使い始めたときとが、ほぼ同時でした。痛みの改善にはヒーリングボックスの影響が大きいというのが、山内さんの実感です。

山内玉江さんが、みるみる元気になったことで、家族はもちろんのこと、親戚のみんなが驚き、親戚の家には、それぞれ一台ずつヒーリングボックスが設置されるようになったそうです。

倭子のエネルギーローブをつくったのは、じつは山内さんです。

エネルギーローブの誕生

倭子は、メイク・着付けの教室を経営していたときは、ほとんど着物でした。そのため、タンスには、その頃の素敵な着物が沢山眠っていました。その着物をどうにか活用できないものかと思い、着物とヒーリングをリンクさせることを思いついたのは、倭子でした。

そこで、着物を着て脳ヒーリングをしようとしたのですが、帯を締めているので動きにくく、帯なしで着物を着る方法はないものかと考え、仕事着として着用していた着物用の上着を、ヒーリングの雰囲気にあうように、つくりなおしたわけです。

このときに大活躍したのが山内さんです。あれこれ試行錯誤を繰り返し、立体裁断で作り上げたのが、現在の「エネルギーローブ」です。

「エネルギーローブ」を着ると、驚くほど、手から出る生物フォトンの量が増えていることがわかりました。前後しますが、じつはだから「エネルギーローブ」と命名したのです。布地も光沢がある生地が適していることが分かりました。

そうして出来上がった「エネルギーローブ」は、世界に一つしかない倭子だけのものです。

今では、夏用・スリーシーズン用と全部で十数枚になりました。78歳の倭子の体型を、今日もスッキリと見せてくれています。

2008年の転換

2008年にワコ・ネイチャーには、ちょっとした転換がありました。私には、ちょっとした転換のように見えたのですが、山内さんたちには大きな転換であり、「天上のエネルギーのつなぎ変え」というようにいっていました。

そういえば、そのころ重篤なクライアントさんが増えました。いまあらためて思うことは、倭子を訪ねて来るクライアントさんは、基本的には倭子が改善させることができるクライアントさんであるということです。倭子の側からいうと、自分たちが改善させることができるクライアントさんのみが、自分たちを訪ねてくるということです。

重篤なクライアントさんが増えたということは、倭子たちが重篤なクライアントさんを改善させることができるようになったということであり、より高度で高次なエネルギーとの結び変えがあったということかもしれません。

「エネルギーローブ」をお召しになって脳ヒーリングをされる倭子先生

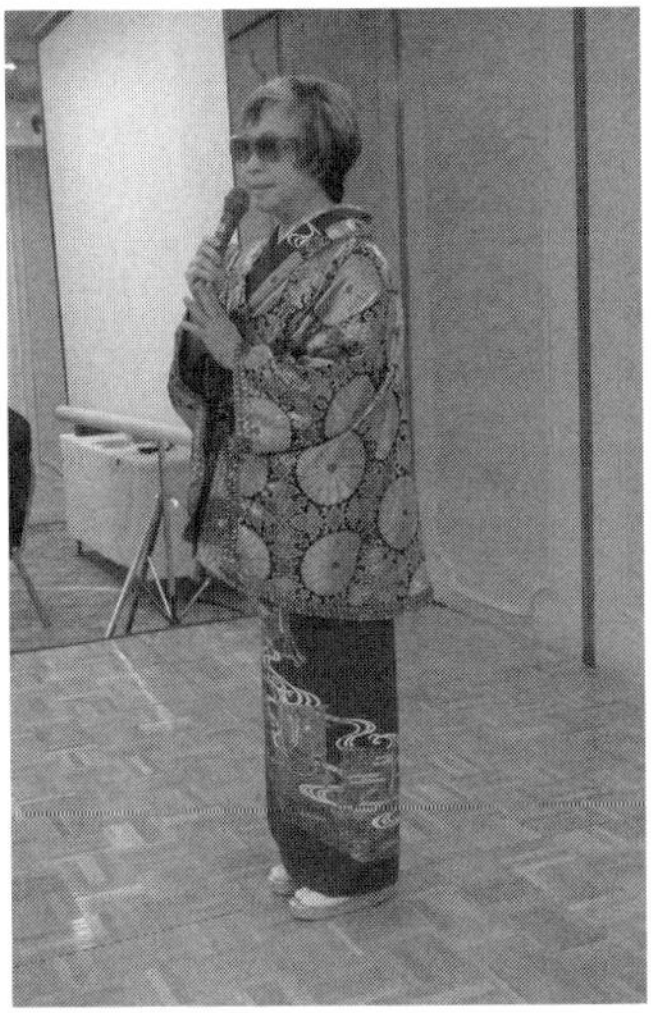

「エネルギーローブ」をお召しになって忘年会でお話しをされる倭子先生

がん細胞さんが「闘わないで」と叫んでいます

いまは、ワコ・ネイチャーの脳ヒーラーは、みんな細胞さんと対話を行っています。脳ヒーリングを行うときに、クライアントさんの「細胞さん」と対話をしています。そのことによって、脳ヒーリングの効率が上がっているようです。

山内さんは、とても劇的な倭子とクライアントさんの「細胞さん」との対話の場面に居合わせています。それが、ちょうど「天上のエネルギーのつなぎ変え」が行われたころです。

きっかけは、ハワイの末期がんのクライアントさんからのお電話でした。

「末期がんの宣告を受けました。もう年齢が年齢なので、日本に行くことはできないのですが、なんとかなりませんか」

というのです。

倭子は、

「それならば、遠隔ヒーリングをいたしましょう」

と請け合い、すぐに遠隔ヒーリングを行いました。

細胞との対話！
闘わないで…！
がん細胞

倭子は、通常レギュラーのクライアントさん以外には、遠隔ヒーリングをしません。しかし、このときは事情が事情だけに、あっさりと遠隔ヒーリングを引き受けました。

そのとき、倭子は、

「がん細胞さんが、闘わないで！」

「……」

「そう叫んでいます」

といったのです。

あとで、山内さんが

「先生、細胞さんとお話しされたのですか」

そう聞いていました。

がんと闘うのが「三大治療（標準治療）」なのですが

早期に摘出手術をする。抗がん剤治療で小さくする、転移を防ぐ。放射線治療で焼き切ってしまう。これががんの「三大治療（標準治療）」といわれています。この3つは、いずれもがんと闘い、がんをやっつける治療です。

それを、がん細胞さんが、「闘わないで！」と叫んでいるというのですから、山内さんは本当に驚いたようです。

このことがあってから、倭子は、

「がんと闘ってはいけない。ともに歩むように」

と、脳ヒーラーはもちろん、クライアントさんにも説くようになりました。

ハワイの末期がんの患者さんからは、その後、身体が楽になったと、お電話をいただきました。

山内さんは、倭子のところに来る前は、パッチワーク、アートフラワー、レザークラフト、油絵、キルトなどもやっていて、オカリナも吹いていました。

本当に多趣味な方なのですが、それとともにお友だちも多いのです。趣味を通じてお友だちになった方と趣味の会をはじめ、その趣味の会でお友だちが増え、趣味もお友だちも増えていったようです。

瑠璃宮殿が、見える人には見える部屋

脳ヒーリングをしたときに、全身の緊張が取れて、身体が浮くような感覚がしたという

人がいました。私が知っているだけでも数人はいます。実際にはもっと多いに違いありません。

身体が浮いているといった人で、実際に浮かび上がっていた人は、私の知る限りいません。しかし、マサイ族のようにピョンピョン跳び上がって、天に当たるのではないかと、とっさに押さえた人はいました。だいたいが、

「大丈夫ですよ。浮いていませんよ」

と、お声をかけてことなきをえるのですが、それでも浮かび上がるのを止めるかのように、みなさんけっこう長いあいだ柱につかまっておられます。

その部屋が、瑠璃宮殿の見えるといわれている部屋です。脳ヒーリングをする部屋は、3部屋あるのですが、窓に面していて大きな空と街並みが一望できるのが、その部屋です。ワコ・ネイチャーヒーリングは12階にあり、周囲に視界を遮るものがないので、窓の外には大きな空が広がっています。私には見えないのですが、大きな空が広がっている右の方に瑠璃宮殿が見えるのだそうです。脳ヒーラーの何人か、それに脳ヒーリングを受ける人の何人かが、その部屋から瑠璃宮殿を見ています。

瑠璃宮殿とは、一体何なのでしょうか。

どうして見える人と見えない人がいるのでしょうか。

「幸子の部屋」は、どこ？

スーッとやってきて、内弟子に

多田幸子さんは不思議な人です。どこも悪いところはないのに、スーッと倭子のところにやってきて、弟子になってしまいました。さらに、ほとんど一緒に住むようにもなり、24時間体制で、倭子の内弟子になっています。

お付き合いしている男性が、

「あなたは治療師の手をしている」

というので、マッサージを習おうと、いろいろと探したそうです。

そうして、マッサージに詳しい人を探し当てて、時間をつくっていただき、一緒に食事をさせていただいているときに、

「あなたは、霊を感じますか」

と聞かれたそうです。

それまでに、霊を感じることはあったので、

「はい。感じることがあります」

と答えると、

「それならば、マッサージよりもいいところがあります」

といわれ、倭子先生のところを紹介されたそうです。

倭子を紹介してくれた人は、その後には倭子から離れてしまったので、

「まるで私を紹介するためにだけ、倭子先生とお付き合いがあったかのようです」

と、多田さんはいいます。

最初から決まっていたかのよう

文章に書いてしまうと、以上のような経緯なのですが、倭子を紹介してくれた人と多田さんは、それほど親しいわけではありません。倭子を紹介してくれる人を紹介してくれた人がいて、3人で食事をしたことがあったそうです。その3人での食事はたった1回でした。

じつに淡い関係が二重に、そのときだけ重なって、気がついたときには、多田さんは倭子のところで修行するようになっていたのです。

多田さんは、倭子から伝授を受ける前から、人をヒーリングするためのものは、手の平からいっぱい出ていたように感じていました。だから、

「もったいないなあ」

とも感じていたそうです。

両手の手の平のほぼ中央に「労宮」というツボがあります。「労宮」はヒーリングをするのに、とても重要なツボですが、一般的には眠気や疲労を取り除くツボであるとされています。

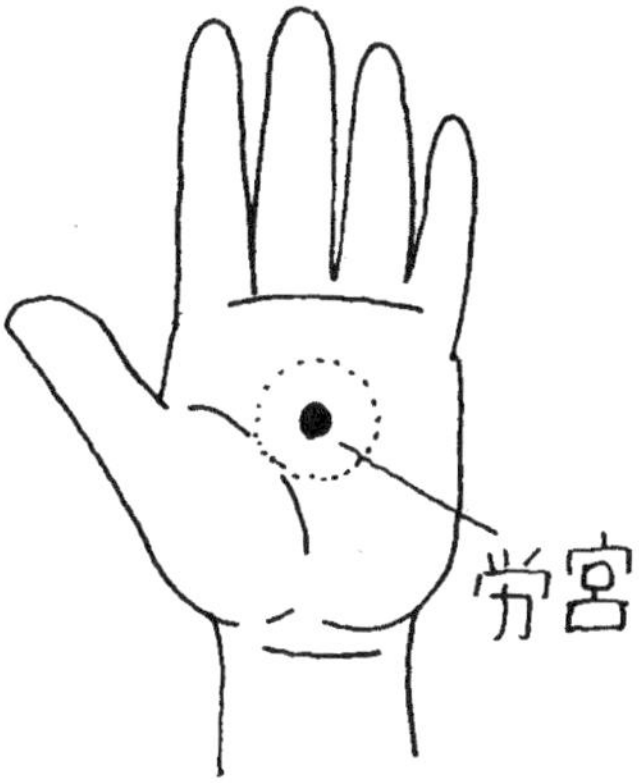

多田さんは、引き寄せられるように倭子のところに来て、最初から決まっていたかのように伝授を受け、脳ヒーラーになりました。

そこにいるから、手を当てて、
あっ！　飛びましたね

脳ヒーラーになった多田さんが、倭子の助手として脳ヒーリングをしていると、その人の過去生がなんと

なく見えてきます。以前にも、そのようなことがあったのですが、そのときは、

「なんとなく、そのように感じるだけのこと」

だとか、

「まあ、気のせいのようなものだから、こだわらない方がいい」

というように、考えていたそうです。

それが、倭子の助手として脳ヒーラーをおこなうようになって、自分の感じているものを、倭子と照らし合わすことができるようになったそうです。

といっても、脳ヒーリングをしている最中のことなので、ほんの少しの時間、ほとんど瞬間です。気配のようなものを確かめるだけです。

それだけで、十分なのだそうです。多田さんが感じていることが、倭子と同じであることによって、うっすらと感じていることが、強い確信に変わるのだそうです。

感じることは、過去生だけではありません。その人に憑依しているものも感じるのだそうです。

「そこにいるから、手を当てて」

そう倭子にいわれて、手を当てようとすると、その憑依物は気配を察して逃げます。

「飛びましたね」

その瞬間に、倭子がそういいます。

そのとき、たしかに憑依物は飛んで逃げているそうです。多田さんにも、そのことがわかるのだそうです。

倭子に、はっきりそういっていただくことにより、たしかに「いま、逃げた」のだと、多田さんの感覚が、確信にかわるわけです。

そのようにして、うすぼんやりと感じていたものが、はっきりとわかるようになったそうです。

それに、見えるものが飛躍的に増えたそうです。

光が見えたから手を離すと、早すぎる！

クライアントさんのエネルギーが「詰まった」状態になっていたり、ゆっくりと流れはしているものの、ほとんど渋滞同然になったりしているときには、その部分が黒くなるのだそうです。

倭子たちが手を当てると、その黒いものが消えて、さーっと白くなっていくのだそうです。

さらに、光を放つこともあります。

その光が見えたときに、もう大丈夫と、多田さんは手を離したことがあります。

そのとき、間髪を入れず倭子は、

「早すぎる」

と、いったそうです。

黒いものが消えて、光が見えるようになったのだから、たしかにきれいになってはいるのです。しかし、それは表面だけでした。表面がきれいになっても、奥に残っていることがあり、それだとダメだというのが、倭子の指導だったと、多田さんはいっています。

「させていただきます」という気持ちが、高次のエネルギーを呼び寄せる

多田さんは、倭子から伝授を受けたあと、しばらくは地元の千葉県にとどまって、夜だけ脳ヒーリングを行っていました。収入が増え、クライアントさんからは「先生」と呼ばれ、脳ヒーリングも、それなりに効果を上げていたそうです。

それらのことにより、多田さんは増上慢に陥っていたと、当時を振り返っています。増

上慢は、ヒーリングをはじめたばかりのヒーラーは、必ず通る道だといわれています。

ヒーリングが少しできるようになると、クライアントさんを驚かせるようなことをいったり、やったりすることは、比較的簡単です。だから、すぐにやりたくなります。そのようなことをやると、すぐに称賛され、ときには絶賛もされるので、気持ちがよくなるわけです。

それが、ヒーラーにとっての最初の「魔」だということです。

石を投げられているときは、危なくはない。

花を投げられるようになったとき、気をつけなければならない。

そのような言葉も、あります。

倭子は、そのことにはとくに敏感です。多田さんがそのようになっていた（あるいはなりかけていた）ことを、すぐに見抜いて、勉強会でさりげなく注意したそうです。

多田さんは、その注意をすぐに理解し、必死になってあらためたそうです。

倭子は、

「させていただいている心を、忘れてはならない」

とよくいいます。

「させていただきます」

という気持ちがあることにより、高いエネルギーが出ることは本当だと、多田さんはいいます。

脳ヒーリングが高度になり、重篤なクライアントさんが増えた

２００８年に、倭子はエネルギーの切り変えをしました。そのことによりヒーリングが、いっきょにらくになりました。

倭子は、実践を重視します。クライアントさんをヒーリングしているときに、それまでのものではできないことがあると、急に降りてくるものがあります。

その降りてくるものによって、脳ヒーリングが次々に高度になっていくのです。

脳ヒーリングが高度になると、重篤なクライアントさんが増えます。それが、２００８年あたりから激しくなったように思います。

２００８年に倭子がつなぎ直したのは、宇宙神様でした。

その宇宙神様を、多田さんはよく知っていました。ヒーリングボックスにあたっている

首、肩、ウェストが固く、肩こりを感じているとき、お体のバランスを整えるときに。
脇の下とこめかみに手を当てて、「脇の下とこめかみの細胞さん、バランスがとれましたので大丈夫です。安心して下さい」と思いましょう。首、肩、ウェストが緩んでくるのを感じます。

ひざ痛があるとき。ひじとひざは相互関係です。どちらにも手をあててエネルギーを送ってあげましょう。「ひざの細胞さん、ひじの細胞さん、正常になっていますので安心して動いてください」。ひざから、すね、足先にまで、エネルギーが流れてあたたかくなってきます。

ときに、よくグルグルと回っているものが見えたからです。

山内さんも、同じものをよく見ていました。多田さんは、そのことをなんとなくわかっていたので、ある日、

「グルグルと、回っているものが見えるのだけれど……」

そう山内さんに話しかけました。

「私にも見えるわよ」

といって、山内さんは、見えるものを紙に書きました。

それは、多田さんが見ていたものとまったく一緒でした。

それからしばらくして、神戸に出張ヒーリングに行ったとき、

「神戸に行って、安田倭子さんに会

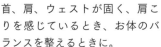

いなさい」

　という命を受けた笠満津子さん（その当時96歳）が、佐賀県から来られて、倭子先生の写真に現れる光や日光東照宮の丸く白い光の写真をお見せしたところ、

「このときにいただいていたエネルギーは、宇宙の光の根本の神、宇宙神様です」

　といったそうです。

　そのほか、笠さんと倭子先生は過去生では姉妹だったことや、玉依姫との関係や神功皇后との関係などについても、告げられたそうです。

　倭子が宇宙神様とつなぎなおされる前に、山内さんと多田さんは、宇宙神様を見ていたのです。

「宇宙神様のエネルギーは、太いです。入ってくると、熱いです」

　そう多田さんはいっています。

　ワコ・ネイチャーでは、年に何度か瑠璃会を開催するのですが、その瑠璃会のなかに、多田さんがワコ・ネイチャーの近況をお知らせするコーナーがあります。

　そのコーナーのタイトルは「幸子の部屋」です。

笠満津子さん

胃もたれ、食べ過ぎて胃が重い、ストレスで胃が重い……。そんなときは、胃に両手を当ててエネルギーを送ってあげましょう。じんわりと温かさを感じながら、「胃さん、大丈夫です。元気に働いてください」と思いましょう。

「脳の誤作動」が、すっきり解消　中村久美子さん

3歳の子どもに予防薬をのませることは、おかしい！

覚えている中で、いちばん最初に、あれっ！　と思ったのは、子どもが喘息になったときでした。そのとき子どもは3歳だったので、いわゆる幼児喘息でした。

幼児喘息は、成長することによって自然に治ることもあり、たいしたことではなかったのですが、そのときは、びっくりしました。もちろん、急いでお医者さんに診てもらい、治療もしてもらいました。

その後、公害により喘息になったということを、医師が書いてくれて、予防薬を飲むことになりました。その予防薬は新薬で、公害により喘息になったということで、治療費が安くなりました。

しばらくして、これはおかしいと思いました。予防のための新薬を飲むということですが、3歳の子どもに、そのような薬を飲ませていいものか。新薬の薬代は安くなってはいるものの、それは子どもが実験用のモルモットになっているからではないのか。

そのような考えが浮かんできて、一ヶ月間ほどは薬をのませましたが、その後は、きっぱりと薬をのむことを止めさせました。

いまでこそ「薬害」ということもありうる、ということが定着していますが

いまでこそ、「医師に任せっぱなしの医療はよくない」ということがよくいわれ、「患者として、治療を選ぶ権利がある」「セカンドオピニオンを求めよう」などという声も、よく聞かれます。

ワクチンを摂取することによって、かえって悪い結果になることもあるということもいわれるようになりました。インフルエンザワクチン、百日咳とジフテリアの二種混合ワクチン、百日咳・ジフテリア・破傷風の三種混合ワクチン、それに厚生労働省が積極的な接種勧奨を行った子宮頸がんワクチンも、今や要注意ワクチンにあげられています。

いずれもよくないと完全に否定することはできませんが、注意をした方がいい、できれば接種しないほうがいいということは、いまや常識のようになっています。しかし、当時はそのような考え方は、ほとんどみられませんでした。

素人である患者が、医師の治療方針に異議を唱えるなど、とんでもないと思われていました。それどころか、医師は社会の規範を代表している「聖職」だとも思われていました。

そんななかで、「3歳の子どもに、新薬の予防薬をのませるなど、とんでもないことだ」と考えた私は、かなり変ったお母さんでした。

東北から出てきたのですが、都会の生活にすぐに慣れ、仕事にも恵まれました。生活に余裕のあるなかで、仕事のできる魅力的で優しい男性とも知り合い、なんの問題もなく結婚しました。

そうして、生まれてきたのが、モルモットにされかけた一人息子です。この息子は、いまでは立派な社会人になっていて、仕事にも恵まれ、日々いきいきと頑張っています。

結婚、出産までは、順風満帆の人生でした。しかし、子どもが喘息になったあたりから、恵まれすぎているともいえる自分の人生に疑問を持ちはじめました。社会とのソリのようなものも、悪くなりました。息子の「モルモット事件」は、そのような流れの中で起きたことでした。

母が子を思う愛の手当から、癒しは始まります

子どもを幼稚園に行かせるバスに乗せると、その途端に気力が消えてしまい、まるで鬱

病のような状態になりました。

そんなときに、たまたまアロマテラピーなど、ヒーリング系のことを教えてくれる学校を目にしました。この学校は、その後に大きくなって、知る人ぞ知るヒーリングの聖地のような学校になったのですが、当時は、まだそれほど有名ではありませんでした。

「ヒーリング系の学校」などというと、驚かれる人も多いのですが、そこは本当に「ヒーリング系の学校」と呼ぶにふさわしい学校でした。とくに授業の内容が豊富で、７００時間以上もの講義を受講しないと、卒業資格を得ることができません。

このことをお話しすると、「ヒーリング系のことを、７００時間も教えることができるのか」「ヒーリング系に、それほどの内容があるのか」と、よくいわれます。しかし、これは本当です。

いまでも、お腹が痛い、頭が痛いと、子どもが訴えてきたとき、お母さんは痛いところに手を当てて「痛いの、痛いの、飛んで行け～」とやっています。重症なときは、そのようなことではすまないので、お医者さんに診てもらう必要がありますが、少しくらいのことなら、母が子を思う愛の手当でおさまります。

それが、癒しだと思います。癒しは、母が子を思う愛の手当から始まるのではないでしょうか。

受けたものを浄化しきれず、ヒーラーのバランスが崩れていきました

その学校は、実際にクライアトさんをヒーリングするという関連組織を持っていて、卒業を間近に控えたころに、そちらのほうに就職しないかと、声がかかりました。

さまざまなヒーリングについて学ばせていただき、実際に子どもにヒーリングをしたところ、よい大きな効果があったので、それは願ってもないことでした。私は、そのヒーリングの会社に就職しました。

それから、あっというまに14年間が過ぎ去りました。その14年間は、とても充実した年月でした。最初はもちろん平社員でしたが、ほどなくして役付きになりました。一生懸命に、その役職をこなすことにより、別の役職も与えられました。

その会社には、いまは感謝の言葉しかありません。とくに社長には、本当によくしていただきました。

それでも、どうしてもその会社を去らなければならなかったことには、一つだけ理由がありました。それは、ヒーリングをする人の浄化が、十分にできなかったことでした。

通常のヒーリングを行っているのならば、クライアントさまの悪い部分を受けても、

ヒーラーは浄化できたでしょう。しかし、その組織は評判がよくて、短期間に急成長したために、「悪いものを受ける」ことと「受けたものを浄化する」こととのバランスがとれなくなってしまったのです。

そのうえ、私はその「悪いもの」が溜まってしまって、ヒーラーさん自身が、どうしようもなくなったのを、なんとかするという役割も担わされました。そのことばかりをやっていたわけではありませんが、そのようなケースをなんとかするということも、重要な役割の中に入ったのです。

脳ヒーリングにより、脳の誤作動はすみやかに治りました

クライアントさんのクレームを聞くということは、みなさん嫌がることですが、じつは「売り上げを伸ばす重要なチャンス」です。それが、まっとうなクレームならば、そのクレームがなくなる方向に改善することで、売上が確実に伸びるのです。

ヒーラーさんがおかしくなったケースについては、どうでしょう。脳が誤作動をおこすまでになったヒーラーさんを、その上のヒーラーさんが治すということを、その組織ではやっていました。否、やろうとしました。

かくいう私も、脳が誤作動をおこすようになり、そこのナンバーワンヒーラーさんに4時間ヒーリングをしてもらいました。それは、ほんとうに特別のことでした。

その結果……。

私の脳の誤作動は、治りませんでした。

仕事量が私のキャパシティをはるかに超えて激増しても、最初のうちはなんとか回っていました。完全に過労になっていることはわかっていましたが、気力で乗り切っていました。

ところが、それが続いているうちに、アイデアが一つも出なくなってしまいました。脳が過労状態で、新しく考えなければならないことを拒否しているといった状態だったと思います。

さらに、ちゃんとした思考ができなくなって……、ヘンに動き始めたりもしました。

要するに過労なのだというのが、私自身の結論でした。そのため、仕事を通常のぶんにまで、減らしてもらいました。

それで、いっときはホッとしたのですが、脳の誤作動は治りませんでした。

そこで、倭子先生の脳ヒーリングを受け、そのあとすぐに伝授も受けました。脳の誤作動は、すみやかに治りました。それは、2010年のことです。

脳ヒーラーは脳ヒーリングをするたびに元気になる

倭子先生は、「脳ヒーラーができることは、30パーセントくらい」だといっておられます。あとの70パーセントは、クライアントさん本人に気づいていただき、納得していただき、意識を向けていただかなくてはなりません。

そのことにより、エネルギーが降りてきて、クライアントさんの中を勢いよく流れはじめ、浄化していくのです。

だから脳ヒーラーは、脳ヒーリングをするたびに、元気になるのです。通常のヒーリングは、ヒーリングするたびにヒーラーは疲れます。しかし、脳ヒーラーは、脳ヒーリングをするたびに高度なエネルギーを呼び込み、そのエネルギーが自分自身の中を流れるので、疲れることはありません。

それどころか、やればやるほど元気になります。このところが、通常のヒーリングと脳ヒーリングとの決定的な違いだと思います。

第８章　高嶋友紀先生がんばって！

高嶋先生、交通事故で仙骨粉砕骨折

仙骨が粉砕骨折！

２０１２年10月25日、交通事故に遭われました。そうとうにひどい交通事故です。車に跳ねとばされて、道路に思い切り打ちつけられたそうです。あのステキなお顔はお岩さんのようになり、仙骨が粉々になったそうです。

仙骨は、お尻のちょうど中心、身体の土台となる骨盤の中央にあり、すぐ上には背骨があり、両腕も頭も仙骨が支える構造になっています。

古くから、生命力（クンダリーニ）の貯蔵庫であるといわれ、「仙人の骨」ともいわれています。

転んだ拍子に仙骨にうっすらヒビが入った程度でも、足がつったようになって歩けなくなります。ひびが入っただけなのに、寝たきりになってしまった、ということを聞いたことがあります。

「仙骨粉砕骨折」ならば、寝たきりになることは間違いない。まことに失礼ですが、一報を受けたときに、とっさにそう思ってしまいました。

血圧が80を切っていても、意識も、記憶も、はっきり

ここからは、付きっ切りで看病してきた高嶋先生の旦那さんの話に基づきます。

救急車が駆けつけて、すぐに救急病院に搬送しようとしましたが、受け入れてくれるところがみつかりません。その間にも出血が続き、血圧がどんどん下がっていきます。救急車の、おそらくは救急隊員の方は、引き続き受け入れ先の病院を探すとともに、輸血のための血液を集めるということをされていたようです。

やがて千葉県印西市鎌苅の日本医科大学千葉北総病院が、受け入れてくれるということがわかりました。救急救命のセクションがあり、ドクターヘリもある救急救命のプロが日々頑張っている病院です。

北総病院の第三次病棟は、重症の患者を入院させるいい病院として、地元では有名です。だけど、だいたいがいっぱいで、受け入れてもらえません。高嶋先生は、事故が起きてから6時間近く経過していたのですが、受け入れてもらうことができたのは、運がよかったといえます。

高嶋先生が集中治療室に運び込まれたとき、血圧は80を切っていました。通常血圧が80を下回ると意識がなくなるのですが、高嶋先生の意識はしっかりしていました。

「これは、そうとうにひどい」

という医師の声が聞こえていたということを、あとで高嶋先生から聞きました。

救急医療センターであるためか、医師も看護師さんも30代くらいの若い人が多く、イケメン揃い、美人揃いということも、高嶋先生は、はっきり思ったそうです（これも、あとで聞きました）。まさか山Ｐや新垣結衣のような医師、比嘉愛未のような看護師はいないでしょうが。

「この若い人たちが、私の生死を左右するのね」

その思ったことも、高嶋先生は、はっきり覚えていたそうです。

血圧が80を切っているのに、そのように思い、そう思ったことをはっきり覚えているのは、やはりヨガの先生だからでしょうか。

太い頑丈なボルトが埋め込まれる

集中治療室で、緊急の手術が行われ、高嶋先生は包帯でぐるぐる巻きになりました。左足がまったく動かなかったので、

「やはり、股関節が……」

と思ったそうです。

車にぶつかって、道路に叩きつけられたときに、

「あっ 股関節が折れたかもしれない」

と思ったので、その続きの印象だったそうです。

……倭子が、高嶋先生の交通事故をキャッチしたのは、そのほんの少し前でした。

高嶋先生が車にぶつかって、

「いけない！」

と思った瞬間に、倭子は事態をキャッチしたのです。

そのあとすぐに倭子は、エネルギーを送りました。

そのことを、高嶋先生はすぐにわかりました。

倭子がエネルギーを送ったのは、左の腰と顔の右半分でした。

高嶋先生が、車にはね飛ばされて道路に打ちつけられたのは、左の腰と顔の右半分でした。

ＩＣＵ（集中治療室）に入ったままで、２日経ったころ、高嶋先生の足の指が動きました。そのことで、神経は大丈夫だということがわかったそうです。

太い、丈夫そうなボルトが打ち込まれたのは、その後のことでした。ボルトで仙骨のまわりから骨盤までを、しっかりと固定されたわけです。

高嶋先生は、北総病院の第三次病棟に一週間ほどいて、少し落ち着いたところで、千葉のみつわ台総合病院に移されました。


病室にはヒーリングボックスが置かれ、倭子たちは脳ヒーリングを行った

みつわ台総合病院では、高嶋先生の病室は看護師さんたちが集まるナースステーションの真ん前になりました。なんらかの意図があったのか、偶然なのか、大勢の看護師さんの目の届くところに、入室することになったわけです。

病室には、お花がいっぱい飾られ、ヒーリングボックスを置くことが認められ、2台設置されました。お見舞いの方が物凄く多いように感じましたが、あとで聞くと400名を超えていたそうです。

そのなかでも、倭子たちのお見舞いはとくに目立っていたようです。

倭子たちは、いつものヒーリングと変わらない、しっかりとした触り方で、脳ヒーリングを行いました。太い大きなボルトがはまっていたのですが、恐る恐る触るといったことはありませんでした。

それにしても、病院側の対応は立派でした。ヒーリングボックスを病室に2台設置したうえに、倭子たちが病室に入って、高嶋先生に脳ヒーリングを行っても、何もいいません。倭子たちが脳ヒーリングを行っていることは、なにしろナースステーションの真ん前の病室なので、看護師さんたちは、よくわかったはずです。それにもかかわらず、一言の注意もなかったのです。

「橋のポーズ」をやってみた

11月5日、倭子たちがお見舞いに行き、もちろん脳ヒーリングを行いました。

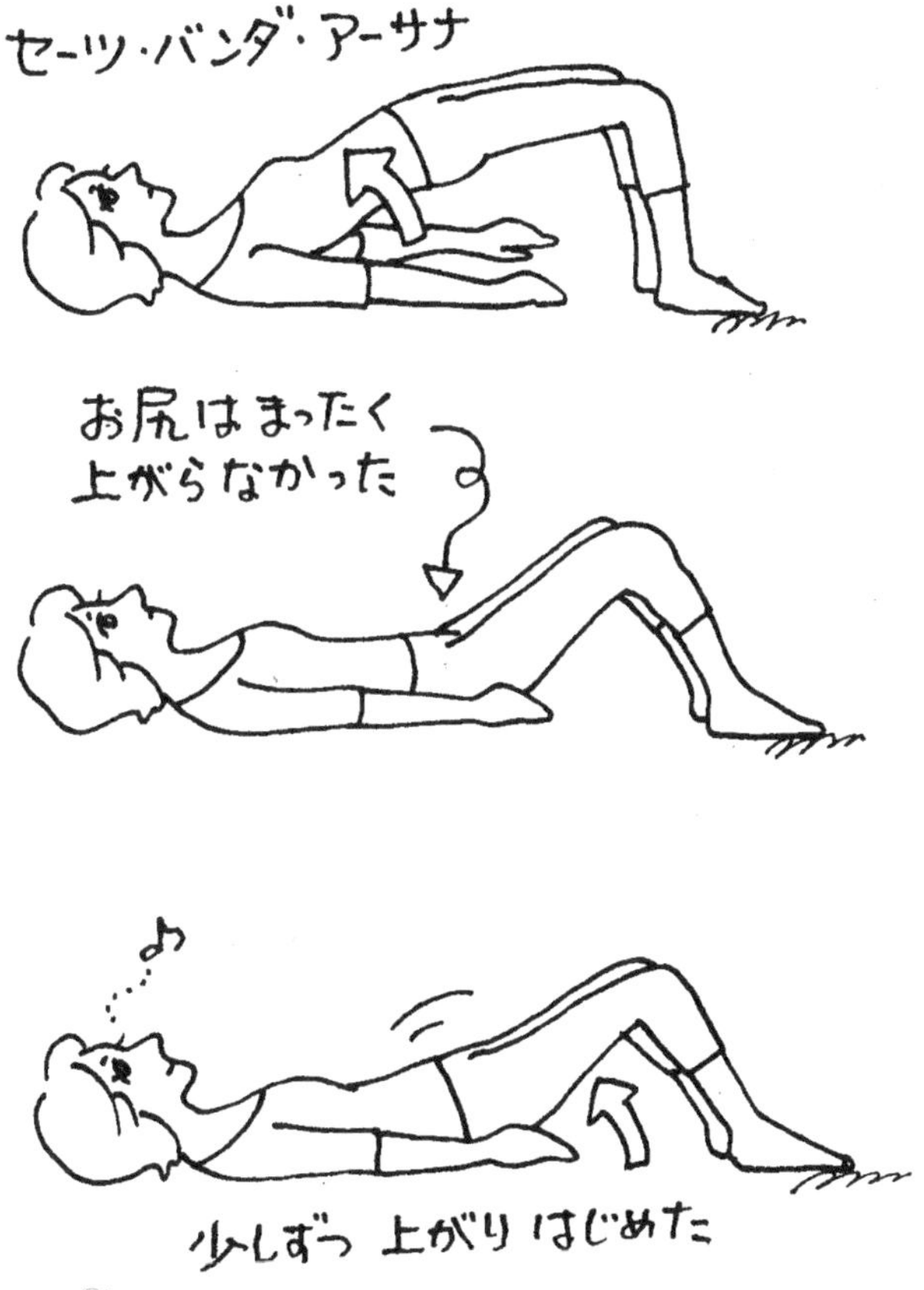

最初は脚を引いて曲げることも出来なかったけれど、少しずつ動き、退院する頃には胸椎も上がり始めました。

セーツ・バンダ・アーサナ

倭子は後頭部に手を置き、背骨を通って仙骨の中心に「蘇生のエネルギー」を送りました。その脳ヒーリングを、高嶋先生はとくに暖かく感じたそうです。

高嶋先生の足が、少し上がるようになったのは、その夜のことでした。

11月30日にも、倭子たちがお見舞いに行き、脳ヒーリングをしました。倭子は頭から、山内さんはお腹を中心に、多田さんと中村さんは足から、エネルギーを入れました。

このときの脳ヒーリングで、高嶋先生は腰まで動かすことができるようになりました。倭子たちが帰ったあとで、高嶋先生はベッドの上で「橋のポーズ」（セーッ・バンダ・アーサナ）の真似事をしました。

そのときは、まだ骨盤にボルトが入っていたのですが、それでもお尻が上がったそうです。

「コブラのポーズ」をやってみた

骨盤にボルトが入っているということは、ひどくとんでもないことで、夜になると冷気が出てきてお腹が物凄く冷えます。お見舞いの人のなかには、指圧のできる人、琵琶温灸のできる人、マッサージの上手な人などがいたのですが、その人たちもこのときの高嶋先

生に驚いたようです。

高嶋先生の太い頑丈なボルトは、12月18日に全身麻酔をして外しました。ボルトを外したことによって、うつ伏せになることができました。

そのとき、「コブラのポーズ」（ブジャンガ・アーサナ）をしてみたくなり、その真似ごとをしたそうですが、首しかあがらなくて、驚くとともにがっかりしたそうです。

その後、倭子の脳ヒーリングで、エネルギーが補充されると、高嶋先生のからだはどんどん軟らかくなっていきました。

体は固くなってしまったらダメだということではなく、エネルギーが入りさえすれば、回復していくもののようです。

ボルトが外れて、シャワーを浴びることができるようになったころ、病室のドアを閉めて、ベッドの下にタオルを敷いて開脚をしたそうです。

そのとき、突然ドアが開いて、何をしているのですかと、お医者さんを慌てさせました。

「そのようなことをすると、せっかくくっついた骨が、離れてしまいますよ」

そう注意されましたが、みつわ台総合病院で、高嶋先生が注意されたのは、その一回だけだそうです。

超スピード退院

あけて1月8日、高嶋先生は、ヒーリングボックスの光の力に、あらためて驚きました。

倭子が、

「緑の色が不足していますね」

と例によってポツリといったのですが、それを覚えていた高嶋先生が、ヒーリングボックスの緑の光を頭に当てると、左足が反応したそうです。

ヒーリングボックスの青の光を当てると、左足の違うところに響いたそうです。

これも倭子が、なにかのおりに、ストレスの話をしていて、そのときに
「青色と線色の太陽エネルギーが不足している」

ということをいったのだそうです。

そのことも高嶋先生は覚えていて、ヒーリングボックスの青い光を当てたのですね。

この間に、血圧、脈拍の変化を見ながら、体を垂直に立てる訓練を、少しずつ行ったそうです。

歩くのは、バーにつかまってのことですが、

「仙骨さん、小脳さん、よろしくね」

と、倭子がよくするように、お願いすると、不思議に歩けるようになったそうです。

そうしたことで、異例のスピード退院になりました。最初の予定だと、桜の花を見ることができるかしら、くらいだったのが、節分前に退院となりました。

質の高いエネルギーを共有したという体験が、人を幸せにする

仙骨を粉砕骨折すると、神経がズタズタになってしまうので、元通りになることはない

といわれていますが、高嶋先生はすっかり元通りになりました。

高嶋先生は20歳のときに、尾骨を骨折しておられます。そのときお医者は、薬を処方し「安静にしていてください」というだけでした。骨折した尾骨がよくなる方法を教えてくれませんでした。そのときからずうっと、薬と安静以外に元気になる方法はないかと考え続けたそうです。

そうして、26歳になったとき、ヨガをならおうと決意され、「求道ヨガ」の修行をされました。その後に、さまざまな師のもとで修行に磨きをおかけになりました。

ヨガは、アーサナ（坐法）、プラーナーヤーマ（呼吸法）が大切な要素ですが、それだけではないようです。身体と精神の両方にアプローチして、融合をはかり、自分のなかの神様と結ばれるところまでいかなければならないようです。

高嶋先生は、そのようなヨガを教えておられます。

倭子は、「からだは魂を入れる器」だとよくいいますが、その魂を幸せにするのは、質の高いエネルギーを共有できたときだと、高嶋先生はいいます。

「人は、自分一人で幸せになることはできません。質の高いエネルギーを共有したという体験が、人を幸せにするのではないでしょうか」

高嶋先生はそういっています。

倭子をとおして流れてくる大いなる存在のエネルギー

ＮＨＫで興味深い番組が放映されました。５億２０００年前に、魚は天敵から身を守るために、頭部の扁桃体を発達させたそうです。その扁桃体からストレスホルモンを出すことによって、全身が活性化され、そのことによって素早く逃げることができるようになったそうです。

それはいいことなのですが、常時敵がいると、扁桃体からストレスホルモンが出続けることになります。そうすると、脳に異変が起こり、魚もうつ状態になるのだそうです。不安、心配、ストレスで神経細胞が縮んでしまい、意欲を失い、行動が低下するのだそうです。

倭子の脳ヒーリングは、過剰ストレスを一挙に洗い流すのではないでしょうか。扁桃体、海馬、側坐核に高度なエネルギーを送って、ストレスホルモンを一挙に洗い流すイメージを、私たちに抱かせてくれます。

そのことは、高嶋先生も感じておられて、今回の交通事故後の脳ヒーリングで、あらためて倭子をとおして流れてくる大いなる存在のエネルギーを実感したそうです。

高嶋友紀先生、再度の交通事故で脳が壊死

12時間の大手術

高嶋友紀先生が、またもや交通事故に遭われました。脳の一部が壊死してしまい、頭蓋骨を開いて、壊死した脳を取り除く手術をすることになりました。

平成27年7月5日に、トレーラーに巻き込まれ、抱えていた犬をかばって、後ろにひっくり返って、頭を強打しました。後頭部を強打したにもかかわらず、大きな外傷はなかったので、そのときはたいしたことはないと思ったそうですが、じつは大変なことになっていたわけです。

頭を強打したときに、たいした外傷がないときは恐いのです。なぜなら、内出血をしている可能性が高いからです。

高嶋先生は、すぐに千葉の緊急医療センターに運ばれました。ＭＲＩで頭の内部を見たら、ひどい内出血です。内出血は、そのときも続いていて、どんどん増えています。

頭蓋骨を開けて、内出血を止めなければ！

早くしなければ、脳幹などがダメになってしまう。

大脳と小脳のあいだの静脈もたいへんなことになっている。

そうしたことで、すぐに手術になったのですが、これが12時間ほどの大手術になりました。

倭子が呼び戻した

12時間の大手術の３日後には、壊死した脳を取り除く、またしてもの大手術。

この手術により、脳のここかしこが壊死していることが分かりました。脳の壊死は、いくつも散らばっていて、相当数あるということです。

壊死した脳を取り除くさいに、静脈を破るなどしてしまうと命に関わります。

「生存率は１％、もし助かったとしても植物状態でしょう」

と、お医者さんは、ご主人に告げたそうです。

手術は成功しました。

その後、１ケ月ほどのあいだ、高嶋先生は意識がありません。高嶋先生は、１ケ月ほどのあいだ寝たきりの植物状態でした。

最近、高嶋先生から伺ったことですが、植物状態のときも意識はあったそうです。

「倭子先生が呼び戻してくれた」

と、おっしゃっていました。

倭子は、事故の直後から、毎日エネルギーを送っていました。高嶋先生は三途の川の手前で、倭子故のエネルギーをキャッチして、引き返したのかもしれません。

左手、左足がまったく動かない

事故後、5ケ月たった12月に、高嶋先生はリハビリ専門の病院に移られました。病院として行える交通事故の治療はここまでで、あとはリハビリを行ってくださいということです。

リハビリ専門の病院に移った直後に、栄養を運ぶ管と呼吸のための管は外されました。

「リハビリを行うと、お腹が空くようになるので、食事をするようになります」

というのが、リハビリ専門病院のお医者さんの指導でした。

リハビリ専門の病院に移ったとき、右目はまったく見えず、左目がかすかに見える状態で、体の左半分は手も足もまったく動かない状態でした。

頭の中は、頭頂葉、側頭葉、後頭葉に壊死して取り除かれた箇所がありました。

倭子たちは、病院にも何度か足を運び、まるっきり寝たきりの状態から、足が少し動き、目で私たちを追っているのが分かるところまで、見届けました。

その後、倭子たちはしばらく距離をおくようになりました。大変なときだからこそ、ご家族への感謝の心が大切です。

「高嶋先生、早く気付いてください。ご家族で同じ方向を向いて、一緒に歩んで行ってほしい」

そんなことを、倭子は山内さんたち脳ヒーラーと話していました。

最初の事故から回復して、せっかく動くようになっていた足が、また動かなくなったようでした。

高嶋先生のご主人が感動されました

平成27年3月に、再び高嶋先生に脳ヒーリングをさせていただくことになりました。

3月下旬、高嶋先生はご主人と一緒に、事故後初めてワコ・ネイチャーに、車椅子で来られました。そのとき、倭子は「私の思いがやっと届いた」と思ったようです。

高嶋先生とのお付き合いは長いのですが、ご主人にお会いしたことは、1度しかありません。それは、最初の事故のあと、病院に伺ったときのことでした。とってもお優しそうな、素敵なご主人だと思ったことを、よく覚えています。

倭子が脳ヒーリングをはじめると、

「パパ、そこで見てて」

そう高嶋先生は、ご主人におっしゃいました。

倭子が頭に手を置くと、高嶋先生の脳は右脳の下の方に隙間があり、触っていたら手が脳の中に入ってしまうような感覚になりました。

倭子は、その脳に、優しく、

「辛かったでしょうね」

「痛かったでしょうね」

「大丈夫、安心してね」

と、語りかけました。

脳ヒーリングの状況を、そばでみていたご主人は、

「こんなふうにしていただいていたのですか。凄いです。ほんとうに凄いです」

と、感動されていました。

高嶋先生は、何年も前からヒーリングを受けていらっしゃいましたが、ご主人がヒーリングに立ち会われたのは、このときが初めてでした。

と、そのとき、ほんの少しでしたが、高嶋先生の左足の指が動きました。

左足は、事故に遭って以来、少しも動かなかったのですが、ワコ・ネイチャーに来られた初回の脳ヒーリングで動いたのです。

「おおっー！　凄いー！」

そばにおられたご主人は、驚き、喜びの歓声をあげました。

自分の脳のはたらきを正常にすることが大切

その後、高嶋先生は、毎週1回、旦那さんが車に乗せ、ワコ・ネイチャーに、脳ヒーリングを受けに来られるようになりました。

やがて左足そのものが動くようになり、上がるようにもなりました。

左腕も少しずつ動くようになりました。

そうなると、

「もっと早くよくなりたい。もっとほかに方法はないのか。誰かいないか」

と、高嶋先生は、いろいろと考えるようになったようです。

倭子は、

「よくなるには、誰かに頼るのではなく、ご自分の脳のはたらきを正常にすることです」

と、高嶋先生にいいました。

そうして、

「左手も左足も、思ったとおりに動く。そう思うことが大切です」

と、目標を書いたものを差し上げました。

脳に手を動かすというイメージがなければ、手は動きません

平成27年3月からわずか2ケ月ほどで、高嶋先生は左足が動き、旦那さんの力を借りながらですが、つかまり立ちができるようになりました。

それまでは左目しか動かなかったのが、左右とも同じように動くようになりました。

倭子の高嶋先生への脳ヒーリングは、週に1回です。ただし、通常よりも長い時間をかけています。2時間から3時間ほどです。

６月の時点で、ほんの少しですが、ご主人に支えられて歩けるまでに改善したのですが、困ったことが起きました。リハビリの人が、

「筋肉がほとんどないので、手は動かない」

といったそうです。

その言葉が、高嶋先生の脳の中に刻み込まれてしまって、ほんとうに手が動かなくなってしまいました。

ここは、とても重要な点です。筋肉がないから手が動かないのではありません。隆々たる筋肉があっても、手が動かない例はいくらもあります。

たとえば、筋肉隆々の人が死んでしまったら手は動きません。死なないまでも手を動かそうと思わなければ手は動きません。

生きている筋肉隆々の人が手を動かそうと思っても、手は動くと信じていなければ、手は動きません。手を動かすというイメージが脳になければ、手は動かないのです。

リハビリをされる方が、「筋肉がほとんどないので、手は動かない」といったのは、実際に「手は筋肉によって動く」と素朴に信じていたからでしょう。

その「感想」は、とても素朴であることにより、肉体的にも精神的にも弱っている患者さんの耳には入りやすく、素朴に信じてしまうわけです。脳細胞に「動かない」をイン

プットしてしまうわけです。

健康なときであれば、「ああでもない。こうでもない」と、いろいろと考えます。しかし、大怪我のときは、そのような吟味を経ないで、素朴な感想が、素朴に信じられてしまうのです。

倭子は、高嶋先生の「左手はもう動かない」という脳の思い込みを外すために、

「手と足は必ず動きます」

と書いた紙を差し上げました。

そして、そこに書いてあることを、声に出して読むように指導いたしました。

「手と足は必ず動きます」

そう声に出して読むことで、「左手はもう動かない」という脳の思い込みを外すわけです。脳の思い込みは結構強いので、1回だけではなく、毎日声に出して読むようにご指導しました。

その後、左手は、見事に指が開くようになりました。肘も少しずつ上がるようになりました。「左手はもう動かない」というわけではなくなってきたのです。

倭子は、「手と足は必ず動きます」と声に出して読むことに、鏡を使った訓練を加えました。

少しずつ歩けるようになった

高嶋先生のほうから、ワコ・ネイチャーに定期的に通うことになる前に、高嶋先生はご主人に「ありがとう」という感謝の言葉を、心からいわれたそうです。

そのことが、とても大きな転換点になったと、倭子がいっていました。

それは、倭子の願いでもありました。大怪我や大病をしたときは、どうしても家族にさまざまな負担をかけることになります。そのことへの感謝が、とても大切なわけです。

ワコ・ネイチャーに、週に１回、高嶋先生の方から脳ヒーリングに来られるようになって、２ケ月が過ぎました。高嶋先生は、ご主人に支えられてではありますが、廊下を少し歩けるまでになりました。

ほとんど動かなかった右目が、左目と同じように動くようになり、お顔に表情が出てきました。

高嶋先生は、自然の中に行きたいといわれました。

そこで、ご主人もお誘いして、脳ヒーラーたちも加わって、10人ほどで大きな公園に遊びに行きました。ちょうどお昼どきになるので、ランチも持参しました。

高嶋先生は、事故のあと、一度もそのようなお出かけをしなかったようです。ほんとうにひさしぶりの自然との触れ合いを、とても喜んでくださいました。

今日は気を沢山ありがとう。
一年ぶりに地球のエネルギーをいただきました。

高嶋先生から、そのようなメールが届き、驚きました。
あとで知ったのですが、そのメールは、右手だけで打ったのだそうです。

2度教員になったスーパーウーマン　園田南先生

29年間の教員生活

小学校に限らず、学校の授業は、1時間ごとに課題があり、目標があるばかりか、評価などもあるそうです。教科書に沿って教えているだけではないのですね。学校教育法施行規則の規定を根拠とする学習指導要領に則った45分の授業を行い、5分休んで、また次の45分の授業を行うということのようです。

それを29年間もやり続けたわけですから、園田先生がそうとうに疲れていたことは、容易に想像できます。

園田先生が結婚したのは24歳ですから、当時としては普通だったのではないでしょうか。長男出産は32歳のときですから、これは少し遅めですね。

ご主人も小学校の教員でした。後に学校長になっています。小学校の先生は、だいたいが子ども好きですが、園田先生のご主人はそうではなかったようです。

たとえ子ども好きではなかったとしても、自分の子どもだと可愛がるものですが、園田先生のご主人は、そうではなかったようです。可愛がらないどころか、かかわろうとしなかったそうです。

そのことにより、いろいろなことがあり、夫婦関係が悪くなっていきました。

どのようなことがあったか、一つだけご紹介します。

「絶対にダメだ」の一点張り

お子さんが小学校5年生のときです。お友達のご両親がよくしてくれて、お友達と一緒に、海辺の避暑地へ、夏休みの旅行に誘ってくれました。息子さんは大喜び。園田先生も、よかったねぇと喜びました。

それを、ご主人が「ダメだ」といって止めました。理由は、いいません。とにかく、「ダメだ。絶対にダメだ」の一点張りです。

園田先生も息子さんも、どうか行かせてくださいと頼んだのですが、どうにもなりません。泣く泣く諦めて、「来年の夏休みは、行ってよい」という確約をとりました。

一年が経って、息子さんは6年生になりました。小学校最後の夏休みに、またお誘いがあり、それでは行かせますねと、ご主人に話したところ、またしても「絶対にダメだ」の一点張り。

去年、来年は行っていいと約束したじゃないかと、お子さんは頑張ったのですが、ご主人は頑として聞きません。

妹の死、離婚、父の死、母の死が、ほぼ同時に

園田先生の人生を左右する大きな出来事が、続けざまに起こったのは、教員になって29年目を迎えたころです。

まず妹が、37歳で病死しました。

そのあとは、園田先生の離婚です。離婚については、結婚した直後から、どこかで覚悟していたそうです。

そして、父が死にました。その年の暮れに、父を追うように母も死にました。

このとき、園田先生のお子さんは大学4年生。卒業まであと1年を残すのみでした。

私生活の大変化と教員生活の疲れから、園田先生は違った世界で仕事をしたいと思うようになりました。園田先生は、いろんなことをテキパキと処理することはできるのですが、お金を儲けるということについてはヘタなようです。

どんな職につけばいいのかと考えながら、まずは学校をやめたそうです。やめた当初は、退職金などもあり、生活に困るということはなかったのですが、毎月決まった日に決まった額のお給料が入って来ません。

就職して30年近く、毎月お給料が振り込まれ、それが園田先生のなかで、当たり前のことになっていました。

ところが、学校をやめたわけですから、当然、お給料は振り込まれてきません。それが、とても大きな不安材料になりました。

その不安、その恐怖から、園田先生は自分を見失い、入院しました。

その病院が、家族の同意が必要な、鉄格子のある病院だったのです。

そこはまったくの別世界

鉄格子がはまっていて、外から鍵をかけるその病院は、いわゆる閉鎖病棟です。まったくの別世界です。

もっとも印象に残っているのは、並ばされて薬をのむ光景だったそうです。自分できちんと薬をのむことができる人は、並ばされることはありません。一列に並ばされて、無理やり口の中に薬を入れられるのは、重症の患者さんです。

散歩の時間もあったそうです。二列縦隊になって、隣の人と手をつないで歩くのだそうです。まるで幼稚園の園児のように、手をつないでの散歩です。それが、29年間も小学校の教員だった園田先生にとって、とても悲しかったそうです。

少し改善してくると、社会復帰するために、一人で散歩に行きます。散歩の途中で、もらったお金で買い物をするのです。それが、入院患者の課題の一つだそうです。買い物をすることなど、普通の人の普段の生活では、なんでもないことです。ところが、精神が崩れかけた身にとっては、とても大変なことでした。

早く出なければ！

入院患者さんのなかには、教師だった方もいました。その方は、20年間も入院しているにもかかわらず、治ったら教職に戻りたいと言うのです。

園田先生は、この方の言葉で気づきました。

ここにいたのでは、本来の元気な私に戻れない！

菅原さんも自分自身で気づきました。

ここにいてはいけない！

なんとしてでも出なければ！！

園田先生も同じです。自分自身で出なければならないと、気がついたのです。

菅原さんは、本書でさきに次のように述べています。


病院で一緒だった人のなかで、自分のように社会に完全に復帰できた人はいません。入退院を繰り返して、人格が完全に破壊されてしまったり、疲れてしまって死んでしまったり……。

いま連絡をとれる人は、一人もいません。


いちばん大切なところで、救われるきっかけをつくるのは、自分なのです。自分の気づきがあり、迷いのない果敢な行動があってこそ、救いの道の第一歩を踏み出すことができるのです。

そして、そのことができる人は、悲しいことに、とても少ないのです。

絶対に出る！　なんとしてでも出る‼

園田先生は、「絶対に出る！　なんとしてでも出る‼」と決意した翌日から、朝はきちんと起きて、ラジオ体操をし、ちゃんと散歩もするようにしました。もちろん薬もしっかりと自分でのみました。

そうして、外見は元気になったように装いました。しかし、実際には結構たいへんでした。ときどき、ざわざわと不安が押し寄せてきて、どうしようもなくなるのでした。

それでも「よくなりたい。出たい！」との一心で、平静を装い、病院を退院することに成功しました。

退院するやいなや、一目散に倭子のところへ

園田先生は、退院するやいなや倭子のところに飛んできました。これも、菅原さんと同じです。菅原さんも、たいしたヒーリングを受けたわけでもないのに、「私を治すことができるのは倭子先生だけだ」と、退院するやいなや倭子のもとに飛んできました。

園田先生は、その後、倭子の脳ヒーリングに通い続け、伝授も受けて脳ヒーラーになりました。

本書の冒頭でご紹介した「ワコ・ネイチャー忘年会」の演出、振り付けを担当しているのは、園田先生です。

園田先生は、シャンソンも上手にお歌いになり、ダンスもとても上手で、アトラクティブです。

学生時代は、スピードスケートの選手だったので、運動神経は抜群です。

からだのコントロールにも長けていて、あっというまに8キロの減量を成功させ、リバウンドはなしです。

さらに新しい仕事にチャレンジ

社会復帰したあと、再就職の話が舞い込み、正規の教員になるように頑張り、見事に実現させてしまいました。

そうして、採用が決まり、月曜日から金曜日までは、職場で一生懸命に働き、土日は倭子のところで脳ヒーラーの修行をしました。

教員の仕事は、責任の重いやりがいのある仕事です。最近は、そのうえ保護者の意識も大きく変化してきていて、そのことへの対応も含めて、とても大変な仕事だと思っているようでした。

そうこうするうちに、園田先生は定年となり、学校を２回辞めることになりました。一人息子さんは、仕事で大成功されました。

園田先生は、体調をさらに整え、脳ヒーラーを続けながら、新しい仕事にチャレンジされるようです。

自宅にヒーリングルームをつくった 佐藤七海先生

最初は水晶でした

佐藤先生も小学校の教員で、園田先生と学校で知り合いました。それまで、ヒーリングにはとくに興味はなかったようですが、関係する出来事に遭遇してはいたようです。

それというのも、佐藤先生は心身に不調のある子どものお世話をしているからです。エネルギーを吸い取られたかのようになったり、ひどく疲れたりすることが、しばしばあったそうです。

そんなある日、急に首が回らなくなって、学校でお世話になっている薬剤師さんを訪ねました。その薬剤師さんは、西洋医学の医薬を扱っているのですが、そのほかに漢方薬とエネルギー系のものも扱っていました。

その薬剤師さんは、佐藤先生に水晶をつけさせ、エネルギーがよくまわるようになる水をのませたそうです。

そうして、小一時間ほどすると、首が回るようになったそうです。

「あなたの仕事は、マイナスのエネルギーを受けやすい仕事なので、身を守るものをつけたほうがいい」

と、その薬剤師さんにいわれ、佐藤先生は、水晶のネックレスとブレスレッドを買ったそうです。

主人もヒーリングボックスを購入し、伝授を受けました

その水晶のネックレスを見て、

「そういうの、好きなの」

と、園田先生が、話しかけてきました。

「これはね、私の身を守ってくれる水晶なの。ちょっといいお値段なのだけれど、これがないと心配で仕事に出られないくらい」

瑠璃会では、私も結構お話しします

そんな話をしたあと、園田先生がヒーリングを学んでいる話を聞き、倭子の脳ヒーリングを受けた途端に、森や山を駆け抜けている映像が見えたそうです。まるで鳥になったかのように、空のかなり上のほう

を、佐藤先生は飛んでいたのです。

そのあと、体はもちろんすっきりしました。

それからは、脳ヒーリングは、マッサージとは根本的に違うということがわかったそうです。

脳ヒーリングは、脳ヒーリングが大好きになり、倭子の伝授も受けました。

佐藤先生が、あまりにもいいように大きく変わったので、ご主人も興味を持ち、ワコ・ネイチャーの勉強会である瑠璃会に参加するようになりました。

最初は、佐藤先生がヘンなものにはまっていないか、調べる気持ちもあったようです。

ところが、ご主人は、瑠璃会に初めて参加したその日に、ヒーリングボックスを買ってしまいました。


みんなが喜んでくれるので、佐藤先生も元気になっています

長女は、海外に留学しているときに、子どもをとても可愛いと思うようになり、佐藤先生のように小学校の教員になりたいと思い始め、いまは望みどおりに教員になっています。

倭子より伝授も受け、プラスのエネルギーに包まれ、元気に働いているとのことです。

次女には、倭子の伝授を嫁入り道具として持たせるといっています。妊娠しているとき

嫁入り
道具…？
脳ヒーラー
技術

に、お腹に手を当てると最高だからだそうです。

倭子の教えのなかで、いちばん強く記憶に残っているのは、次のような教えだそうです。

「人間関係が、いちばん難しい。気持ちのレベルが一つ上がると、低いレベルのことに共鳴しなくなる。低いレベルの悩み事を呼び寄せなくなる。自分を上げていくことが大切です」

佐藤先生は、倭子の教えは、もともと自分のなかにあるものだといいます。だから、一度分かってしまえば、壊れることも奪われることもない、とも。

佐藤先生は、自宅にヒーリングルームをつくったので、自宅に来られた方に脳ヒーリングをされています。

「体のマッサージはあるけれど、脳のからまった糸がほどけてやわらかくなるような脳ヒーリングは、はじめて」

と、脳ヒーリングを受けた人は、みんな異口同音に絶賛してくれるそうです。それが嬉しくて、佐藤先生自身もより元気になっているとのことです。

第９章　えっ英語だけ、だけど同時通訳に完全復帰

14ケ月後に完全復活

交通事故で、言葉を話すことができなくなった

倭子は、「統合失調症は、脳のはたらきが元に戻ることによって改善される」ことを確信していて、実際に何人もの統合失調症のかたを改善させてきました。

そのことを、別の角度から示すものとして、日本で屈指の優秀な同時通訳さんが、交通事故に遭って、脳の言語野（大脳皮質の言語中枢のある領域）を損傷し、事故直後はまったく喋ることができなかったのに、見事に同時通訳に復帰されたということがあります。

その方は、ポルトガル語、英語、スペイン語、それにフランス語もできる同時通訳さんです。

大学を優秀な成績で卒業された後、通訳の事務所に入ることなく、最初からフリーで仕事をされました。

そうして、とくにポルトガル語の通訳で大活躍をしておられたのですが、交通事故に遭われて、言葉を話すことができなくなりました。

頭を強打、骨盤が真っ二つ

救急処置室に運び込まれ、看護師さんが、

「お名前は？」

「ご住所は？」

「電話番号は？」

と、訊ねるのですが、答えられません。

訊ねられているということも、何を訊ねられているかも分かるのですが、答えようとすると、気持ち悪くなり、答えられません。

そのことで、山田さんのまわりの人は、「山田さんが痴呆になった」と思った、ということも分かったそうです。「喋れないのはバカだ」と単純には思わないでしょうが、そのような感覚があることはたしかです。私たちだって、話しかけたときに、きちんとした答えが返ってこないと、この人は「おかしな人だ」と思ってしまうことがありますね。

彼女は、頭を強く打ったほかに、腰も強く道路に打ちつけたので、骨盤がほぼ真っ二つに割れてしまったそうです。

そのため、骨盤の修復のほうに、医師は力を注ぎ、脳については、

「言語野が黒くなっていて、かなりのダメージですね」

ということで終わったということでした。

そんなことで、集中治療室で緊急の処置をしてもらい、あとはリハビリを行うしかないということで、病室に移されたそうです。

医師から「一度損傷した脳は、元通りにはならない」

脳はある程度は機能していて、認識力はあったそうです。それでも、日本語をまったく喋ることができなくなりました。しかし、不思議なことに、英語は喋ることができたそうです。

英語では喋っているのですが、従来のように発音がスムーズではありません。それに、

見た目がまったくの日本人なので、まわりの人はヘンに思ったそうです。

医師と看護師がそのことをおもしろがって話題にしていたことも、山田さんはわかっていました。

なぜ、そのようなことになってしまったかということについては、

「頭を強く打ったために、脳細胞が破壊された」

と医師から説明を受けたそうです。

ということは、通訳に復帰するのは絶望的だということになります。それどころか、普通に生活することも難しくなったわけです。

治療がすみ、退院するときに、山田さんは医師から

「一度損傷した脳は、元通りにはならない」

といわれ、がく然としました。

かつては四ケ国語を自在に操っていたのが、そのようなことになってしまったので、通訳の仕事は諦めるしかありません。山田さんは、それまではこれといった趣味もなく、仕事中心の生活だったので、その絶望感は相当なものでした。

山田さんは、倭子のことを雑誌で読んで知っていたので、退院するなり、倭子を訪ねました。

倭子は「脳は、ちゃんと復活します」

山田さんが訪ねてきた当時、倭子は独立したばかりで、ワコ・ネイチャーは倭子一人でした。もちろんヒーリングボックスもありません。

倭子が、山田さんの頭に手を当て脳をみると、言語野が真っ黒になっていました。そのことは、医師の見解と一致していました。

ただし、脳のはたらきに関しては、医師の説と大きく違っていました。倭子が山田さんの脳を触ると（実際に触るのではなく、頭に手を当てて脳を感じる脳ヒーラーの表現）、脳は動いていました。倭子には、脳が動いていることが、はっきり分かりました。

そこで、倭子はいいました。

「大丈夫ですよ」

それを聞いた山田さんは、あっけにとられたそうです。そのときのことを、倭子は私にそう話しました。

大きな病院の医師に「一度損傷した脳は、元通りには戻らない」といわれていたわけですから、あっさりと、はっきりと「大丈夫ですよ」と、いわれるなどとは、思いもよらなかったのでしょう。

さらに、倭子はいいました。

「脳は、ちゃんと復活します」

その言葉を聞いて、彼女は飛び上がるほど喜びました。

このとき、身体全体が喜んでいて、大粒の涙を流していたことを、倭子はよく憶えています。

倭子を信じた方が得だから、ではない

結局、山田さんは病院には戻りませんでした。「それでは」と、薬を出してくれたそうですが、それも自分の意志でお断りしたそうです。

山田さんは、医療が悪いというつもりはないそうです。救急治療をしてくれたおかげで、三途の川から引き返してくることができたので、とてもありがたいと思っているそうです。

お医者さんは「脳はダメですね」といい、倭子は「大丈夫ですよ」といったのですが、山田さんが信じたのは倭子のほうでした。

倭子の方を信じた方が得だったから、ではないと思います。
倭子には、山田さんを信じさせる力があったのです。
その力が山田さんの脳を元通りにしてしまいました。

14ケ月後に完全復活、現在大活躍

山田さんは、月に1回のペースで脳ヒーリングを受け、14ケ月後には、完全に改善されました。日本語が喋れるようになったばかりではなく、4ケ国語とも喋れるようになり、通訳の仕事に復帰されました。

通訳の仕事に復帰するまでは、翻訳の仕事などもしていて、やはりどうしても通訳の仕事をしたいと思い、それが強いストレスになっていたようです。そもそも交通事故にあったことじたい、家族を亡くしたことのストレスが原因だったので、山田さんはストレスを受けやすい人であるといえます。

ストレスを受けやすい人には、執着心の強い人が多いのですが、それが山田さんにも見られました。執着心が強いことが、よい方向に働けば人一倍の努力をしたり、次々と難しい仕事を成し遂げたりする人になるのですが、それにしても苦労の多い人生を歩むことになります。

そのため、脳ヒーリングをする過程で、「不必要な執着を捨てましょう」と、倭子は指導したようです。心の糧となるよい執着はそのままに、不必要な執着を捨てるように指導したのです。

何が不必要な執着であったかは、山田さんの心の中を見ることにより、倭子にはよく分かったようです。

現在、山田さんはいま、日本で1、2の同時通訳として大活躍しています。

なぜあのとき英語だけ喋ることができたのかは、いまでも不思議だといっています。

外国語様アクセント症候群というのがあります。脳の損傷にともなって英国人が米語のアクセントになったりするというものです。外国語様アクセント症候群は、1941年から2009年までの間に世界で62例しか記録がないので、もしも山田さんがそうであるならば、病院は貴重な症例を記録する機会を失ったことになります。

そのうえ、山田さんは見事に同時通訳にカムバックしたわけですから、山田さんが外国語様アクセント症候群であったならば、さらに貴重な完全カムバックの症例を残せなかったことにもなります。

お嬢様もヒーラーに

みんなにはわからなかったけど、母とはうまくいっていなかった

笹佳代子さんのお母様は、とてもきちっとされた方で、笹さんはとてもいい子で、二人は仲良し親子でした。もちろん喧嘩をしたことなどありません。だからといって、しっくりいっていたわけではなかったのです。

でも、そのことは他の人にはわからず、笹さんはひとりで苦しんでいました。

その笹さんに恋人ができ、結婚したいと思ったのですが、お母様に反対されました。結婚すれば、遠方に行くことになるので、お母様は口では反対といわないで、まず体をこわして、

「こんな私を置いて、結婚して遠方に行ってしまうの」

というわけです。

お母様が、人にお願いする姿など、笹さんは見たことがなかったといいます。相手側が

察して、

「このようにしましょうか」

というように仕向け、

「そのようにしたいのなら、そうしてください」

というように、もっていくのでした。


体調が悪くなったのは本当で、心臓神経症のせいでした。突然、不安感に襲われ、心臓がドキドキし、死んでしまうかと思うほど苦しくなったそうです。お母様は、85歳で亡くなるまで、心臓神経症に苦しめられたそうです。

そんなこともあって、彼との熱も冷めてしまい、結婚には至らなかったそうです。

その後、笹さんは職場の出版社で知り合った男性と結婚し、娘を授かりました。その娘さんとの関係には、とくに気をつけたそうです。自分と同じようにならないようにということでしょう。

週に3日はきついので2日に

お嬢様が10歳になったとき、以前に勤めていた出版社から、

「手が足りないので、手伝ってほしい」

といわれ、週に3日働くことになったそうです。しかし、そのころはいまのように体調がいいわけではなかったので、しばらくして週に2日にしてもらったそうです。

そのころ、そうとうな肩こりで、肩のこりは首や背中にもまわって、背中に甲羅があるかのような感じになり、背中に湿布薬をベタベタ貼っていたそうです。

そんななかで、友人の友人がよく読んでいた雑誌を紹介され、「ヒーラー図鑑」で倭子を発見したとき、この人しかいないと直感したそうです。

顔の下の床が、びしょびしょに

倭子は、笹さんの背中のこりをほぐすと同時に、エネルギーを入れました。

そのとき、笹さんは乳のみ子だったころのことを、思い出しました。お母様の乳の出が悪く、笹さんの体は小さく栄養失調になりかけていたそうです。倭子の脳ヒーリングによって、そのころの記憶が甦ったのです。

倭子に背中のこりをほぐしてもらっていたときは、お乳をもらっているような感じで、肩甲骨のあたりからエネルギーを注入されたときは、愛をもらっているような気持ちになったそうです。

倭子の手の温かさ、慈しみが、体の奥深いところにまで染み込んできて、悲しいわけではないのに、涙が出て止まらなかったそうです。

うつ伏せに寝ているベッドは、顔の部分が空いているので、涙が床にこぼれ落ちました。そのせいで、顔の下の床が、びしょびしょになったそうです。

笹さんは、号泣したのですね。

心を支えてくれた体に、心から謝りました

倭子のヒーリングを受けるまで、笹さんは体を粗末にしていたそうです。心と体は別々だと思っていたのでしょう。

それが、倭子のヒーリングを受けることによって、心身一如ということが、わかるようになったそうです。心の問題が体に反映していることにも、気がついたそうです。

笹さんは、自分のからだに「ごめんなさい」といいました。意識と体は、密接につながっているばかりか、ときには心の問題を体が支えることもある。笹さんの場合は、とくにその傾向が強かったようです。

お嬢様もヒーラーに

笹さんは、その後月に1回のペースでヒーリングに通うようになり、ヒーリングボックスを購入し、伝授を受けました。

元気になって、笹さんの時間が増えました。ゆっくりしている時間、ぼんやりしていなければならない時間が減り、使える時間が増えたのです。

笹さんがヒーラーになったとき、お母様に脳ヒーリングをしたそうです。それは大成功で、お母様がたいへん喜ばれました。

笹さんのお嬢さんは、じつは笹さんがワコ・ネイチャーに行くことに反対でした。嫌がっていました。そのお嬢様に彼ができ、結婚することになりました。その彼を、お嬢様が家につれてきて、お腹の調子が悪いので、笹さんにヒーリングしてほしいと頼んだそうです。笹さんは、娘さんが風邪を引いたときに脳ヒーリングで治しているので、脳ヒーリングそのものについては信用していたようです。

お嬢様の彼への脳ヒーリングも大成功でした。彼は、

「頭の中にメントスが入ったようだ」

と、とても喜んだそうです。
その日は、それで終わったのですが、その後に彼は、お嬢さまに、
「君にヒーリングをやってもらいたいのだけど」
といったそうです。
彼にそういわれ、少し考えていたようですが、結局伝授を受けることに決めました。
お嬢様も、いまや脳ヒーラーです。

あなたが、お母様に癒されている

流暢にフランス語を

西野玲奈さんは、けっこう長くフランスに行っておられて、流暢にフランス語をお話しになります。いまは専業主婦ですが、少し前まで語学学校に勤めていました。その語学学校には、オーストラリア人のヒーラーやイギリス人のヒーラーなどがいて、結構話が合い、仲よくしていたようです。

お兄様がたんへんな人で、西野さんもお金持ちのようです。

脳ヒーリングに来てくれて、瑠璃会にも出席してくれるようになり、伝授を受けてくれました。

西野さんは、「自分の目の前で起こる出来事の意味」が、長年の根本的な疑問だったのですが、その答えを、倭子の伝授のなかに見つけたようです。倭子は、そんなに難しいことを伝授したわけではないのですが、西野さんの知性が深読みをして、解答を見つけたのでしょう。

大地震の衝撃で体調を崩す

西野さんは、２０１１年の大地震のとき、横浜駅近くのビルの英会話教室にいました。そのビルが、異常なほど揺れ、そのあと交通機関が止まってしまいました。西野さんは、しかたがないので、５時間ほどかけて歩いて家に帰りました。

それがよくなかったのか、体調を崩し、救急車で病院に運ばれました。呼吸が十分に行えなかったそうです。吸えないし吐けないので、血中酸素がどんどん減っていって、頭が朦朧とし、会社をやめるまでになりました。

その翌月に、伝授を受け、脳ヒーラーになりました。脳ヒーリングをやってみて驚いたのは、背骨や骨盤に話しかけることにより、曲がった背骨、歪んだ骨盤が、元通りになってしまうということでした。

肉体、細胞、魂に話しかけ、それが通じたとき、元に戻るということですね。辛いところに手を当てて、辛かったことを分かってあげる。もうそれだけで、よくなるということですね。西野さんは、

「脳ヒーラーというのは、人を浄化するために生まれてきているのでしょう。怒りや憎しみ、恨みなど、人が背負っている負のものに気がついて、浄化することが役割だと思います」

といっています。

さらに、次のようにもいっています。

「脳ヒーラーが人を100％浄化するわけではありません。脳ヒーラーは、それぞれの人の浄化のお手伝いをするのです。その人の浄化の『呼び水』になるのです。脳ヒーラーができることは、その人の浄化が100であるとすると、そのうちの30くらいではないでしょうか」

すごいですね。大地震前とは別人のようです。

あなたが、お母様に癒されている

西野さんのお母様は、入院しておられて、意識不明の状態です。しかし、倭子が遠隔ヒーリングをしているので、顔色はとてもよく、肌もきれいです。

「母が、まだあの世に旅立たないのは、私が一人前のヒーラーになるまで、練習台になってくれているからだと思います」

西野さんはそういっています。

「あなたが、お母様に癒されているのよ」

倭子は、西野さんにそういっています。

膠原病が治ってしまった

脳ヒーリングが見えた瞬間に直感

友だちに誘われて「癒しフェア」に行ったとき、右の方に「脳ヒーリング」の文字が見えました。その瞬間に、

「私の求めていたのは、ここだ!」

と直感したそうです。

「癒しフェア」は、東京ビッグサイトで開催される「癒し」「ヒーリング」の大展示会です。からだを癒すさまざまなブースが並んでいて、講演なども開催されています。

石倉裕子さんは、すぐに脳ヒーリングを受けたのですが、最初の脳ヒーリングは、ごくごく簡単な15分コースでした。それでも、体が物凄く軽くなったので、その場で伝授を申し込みました

石倉さんは、体に関してとても敏感ですが、それは膠原病(こうげんびょう)とのお付

き合いが長いからのようです。

「深く考えない」ことは、「意識を外す」脳ヒーリングに合致

膠原病は、全身のいくつもの臓器に炎症が起こり、機能障害をもたらす疾患です。関節リウマチ、全身性エリテマトーデス自己免疫疾患、結合組織疾患なども、膠原病に含まれるようです。

膠原病は、血液中にある抗体が、細胞核などと反応をして、組織に沈着したり、攻撃したりするために起きるとされています。死亡することもある重篤な疾患です。それに、一般的には「治らない」とされています。

その膠原病が、石倉さんの場合、治ってし

まったわけです。膠原病が治り、人並みはずれた「敏感」なところが残ったということでしょうか。

みんなによく
「なぜ治ったの?」

と聞かれるのですが、そのとき石倉さんは、

「深く考えないからよ」

と答えるのだそうです。

人いちばい「敏感」なのと、「深く考えない」ことの、ほどよいミスマッチが、膠原病を治してしまったことは、間違いないのかもしれません。

病気というのは、本人が呼び寄せているところが少なからずあります。「膠原病に気をつけよう」とか「私は、膠原病かもしれない」などと、膠原病をつねに意識に登らせていると、膠原病を呼び寄せることになってしまうわけですね。

その逆に、膠原病になっているといわれても、普段はそのことをまったく忘れてしまっているくらいだと、どうでしょう。いつのまにか膠原病が遠ざかっていくのではないでしょうか。

石倉さんはいいます。

「それは『意識を外す』ということです。私は、自分の経験からそう思います」

さらに、石倉さんは続けます。

「この『深く考えない』という私の生き方が、脳ヒーリングの基本に合致しています。脳ヒーリングという言葉を見た瞬間に『これだ！』と閃いたことの中身は、そのようなことでした」

癒しフェア

人間クラブのイベント

「泣かない女」が、号泣してしまいました

石倉さんは、人前で泣いたことのない「泣かない女」です。

その石倉さんが、倭子の脳ヒーリングで号泣しました。脳ヒーリングを受けているあいだ、ずうっと泣き続けました。悲しくて泣くとか、嬉しくて泣くというようなことではなく、魂が泣いたのだろうと思います。石倉さんの魂は、それほど辛かったのでしょう。

倭子がクライアントさんの細胞さんに話しかけると、普通の状態では気配さえない辛さや悲しみが、出てきます。それまで、ずうっと厳重にブロックをし、押さえ込んでいた辛さや悲しみが、奥の奥から出てきます。

そうして、浄化が始まり、ほんとうに治っていくのです。

ヒーリングボックスは、ヨークシャーテリアにも大きな効果

石倉さんは犬が大好きで、飼っているヨークシャーテリアは、まさに家族の一員のです。そのヨークシャーテリアの口のまわりに、ブツブツができてしまいました。

これは、たいへんと獣医さんのところに連れて行って、抗生剤をもらいました。その抗

生剤を、2週間続けてのませたのだけれども、口のまわりのブツブツが治る気配はありません。

「いただいた抗生剤を、2週間続けてのませましたが、治りません」

獣医さんにそう訴えたところ、

「じゃあ、あと2週間ぶん出しましょう」

と獣医さんがいい、2週間抗生剤をのませましたが、口のまわりのブツブツは治りません。

そこで、ヨークシャーテリアをヒーリングボックスに当てました。すると、一週間も経たないうちに、口のまわりのブツブツは、なくなりました。

リハビリが大成功

背中がバリバリの状態になり、腎臓と肝臓はC評価に

井上晴香さんは、都市銀行のプログラムをつくる会社に勤めています。大学は文科系

だったのですが、就職したのはバブル全盛のころで、文科系でも採用してくれたそうです。

仕事はきつく、平日はほとんど終電での帰宅。土曜日は、ほぼ毎週徹夜。都市銀行の合併の対応に追われたときには、それがもっと過酷になったそうです。井上さんは、仕事が好きだったので、さほど気にならなかったそうですが、からだが悲鳴をあげました。

肩こりからはじまって、背中までがバリバリの状態になりました。健康診断の結果は、腎臓と肝臓の状態がそうとうに悪く、ともにC評価でした。

それでも、休職しようとは思わなかったそうです。なぜなら、休職したらもう戻れなくなることが分かっていたから。

崖から飛び下りたら、そこは花園だった

倭子のことを知ったのは2009年。その年の3月に伝授を受けました。

たまの休みに倭子のところに来るのですが、そのとき井上さんの顔をみただけで、多田さんの足の裏が痛くなりました。おそらく「転写」ですね。「転写」により、多田さんの足の裏は痛くなり、井上さんの足の裏の痛みは取れました。

倭子の脳ヒーリングを受けたとき、

「ここにきてヒーリングを受けているのだから、悪い方向に行くことはありえない」と倭子はいったそうです。

それからしばらくして、井上さんは移動になりました。一生懸命に仕事をしていて、それなりに成績も上げているのに、なぜ移動させられるのかと、一瞬思ったそうです。そのあとすぐに倭子の言葉を思い出し、これはいいことなのだと思い返したそうです。

移動する前には、丁寧に引継書をつくりました。その引継書を見た常務から、

「ありがとう。よくやってくれたね」

との言葉をいただきました。

崖から飛び下りたら、そこは花園だった。

これが、井上さんのいまの心境のようです。

「真剣な人には、真剣なエネルギーが降りてくる。先生のヒーリングを真剣に受けると、がらりと環境が変わるのです」。

そう井上さんはいっています。

お母様のリハビリが、ワコ・ネイチャーで大成功

井上さんの88歳になるお母様が、脳出血で倒れられました。

右手、右足が動かなくなり、口がきちんとしまらなくなり食べ物がポロポロこぼれてしまいます。病院を退院して、リハビリ病院に入ったのですが、改善されません。無理にいろんなことをさせようとするので、お母様の体はこわばってしまい、悪化しているとも見えます。

井上さんは、お母様をワコ・ネイチャーに連れてきて、脳ヒーリングを受けてもらいました。

すると右手が上がるようになり、右足も上がるようになりました。手をたたくこともできます。

2019年の忘年会で井上さんのお母様は、舞台に上がって回復状況を披露されました。

最初に、脳ヒーラーたちが、こんな一節を歌います。

♪幸せなら手をたたこう

幸せなら態度で示そうよ

次にこのような歌詞を歌い、お母様は見事にそのとおりの動作をされました。

♪小脳さん、左手あげます
小脳さん、右手あげます
小脳さん、左足あげます
小脳さん、右足あげます
小脳さん、手をたたきます

感謝すると沢山のエネルギーをいただける

80歳お正月の2日に倒れられた

ある会社の女社長さんのお母様が1月2日に倒れられて、お医者様から「もうダメかもしれない」といわれたそうです。

お母様は、石につまずいて倒れたそうです。倭子がさっそく透視したら、たしかに肩から倒れたようでした。倭子が、社長さんに、

「肩から倒れられたのですね」

というと、それもそのとおりでした。

急いで病院に運び込んで診てもらったところ、

「この年齢になると、手術は難しい」

といわれ、社長さんはお葬式のことまで頭をよぎったそうです。

そこまで話を伺うと、倭子としては放っておくわけにはいきません。病院に行って、様子を見させてほしいとお願いをしました。

そうして、入院先の病院に行くと、さいわいなことに個室でした。遠慮しなければいけない人はいないので、さっそく倭子たちは3人で脳ヒーリングをはじめました。

お母様の症状で、いちばん大きな問題点は、便もオナラも出ないことでした。胃や腸が、もうほとんど活動していないのでしょう。

1回の脳ヒーリングで「劇的によくなった」

翌日、社長さんから電話があり、

「劇的な回復をした。なぜ、こんなふうになったのだ」

とお医者様もびっくりしておられたそうです。

倭子が行ったことを、お母様は大変喜ばれ、

「倭子先生を呼んでくれてありがとう」

といわれたそうです。

お母様から、そのような言葉をもらったことはなかったので、社長さんもとても喜ばれました。

倭子は、お母様の脳に手を当てた瞬間に、解（ほど）けていくのが分かったといいます。1回の脳ヒーリングで「劇的によくなった」のは、そのせいでしょう。

あとで聞いた話ですが、お母様は血圧が高くて、血圧を下げる降圧剤を、13年間も飲み続けておられたそうです。

血圧を上げなければ、血液を体の隅々にまで届けられないので、高血圧になるわけで

す。ですから、降圧剤によって血圧を下げただけだと、血液が体の隅々にまで届かなくなるのかもしれません。

もう一つ大切なことがあります。それは、病気やケガをしたときに、家族の人のお世話になるわけですが、その家族への感謝が大切です。いろいろと治療を受けているのに、いっこうによくならない人は、お世話になっている家族に対する感謝の気持ちがないことが多いようです。

同じ治療をしてもすぐに効果のある人がいたり、同じお薬を同じ量のんでも効き方に違いがあったりします。体質や自然治癒力の違いもありますが、もっとも大きいのは感謝の気持ちのあるなしでしょう。感謝すると沢山のエネルギーをいただけると、倭子はよくいいます。

【YouTube】ヒーリングボックス
実際に光を浴びて凄さを感じてください
https://youtu.be/PsjTq1MX3Lo

第10章　意識細胞光療法

倭子と私のワコ・ネイチャー設立以前からの経験と、本書にご紹介したクライアントさん、脳ヒーラーさんとで織りなしたワコ・ネイチャーでの歩みにより、意識細胞光療法が確立しました。

クライアントさん、脳ヒーラーさんへの感謝を込めて、最後に最新の意識細胞光療法をご紹介します。

目の治療をはじめたとき、人の痛いところが見えるようになった

倭子は、メイクや着付けを教える仕事をしていたとき、両目のまわりの筋肉を痛めてしまいました。ケロイド体質であることに加えて、強いライトを浴び、夜中も働くという不規則な生活を送っていたからだと思います。

そのため、32歳になったときに、2年間をかけて目の治療をしなければならなくなりま

した。そのときから人の痛いところが見えるようになりました。

もともと小さいときから不思議な能力があったのですが、人の痛いところが見えるようになったのは、このときからです。

目が見えなくなると、心の目が開くというのは、本当なのかもしれません。

両目に包帯をぐるぐる巻かれて、目が完全に見えなくなることにより、よりいっそうはっきりと人の痛いところが見えるようになったばかりか、病んでいるところも、はっきりと見えるようになりました。見えるといっても目で見て見えるわけではなく、いわゆる「透視」ということになります。

それが「透視」だということを知ったのは、ずうっとあとになってからでした。そのころは、ただ見える、分かるということでした。

身体の悪いところが、薄黒く見えました。くっきりと黒く見えるのではなく、ぼんやりと薄暗く見えたのです。

薄暗く見えるというと、通常はあるかないか分からないということですが、そうではなく、はっきり薄暗く見えたのです。

負のエネルギーを「いただき」やすくなった

目の治療を終えて、退院しても、人の悪いところが見えるという能力は持続しました。透視が楽しかったのは、退院した直後のころだけであり、やがて倭子に苦しみが訪れました。人の負のエネルギーを、「いただいて」しまうようになったのです。それも頻繁に、です。

これは誰にでもいえることですが、辛い人と同じ波長になると、その人の負のエネルギーをもらいやすくなります。その人を透視できるということは、その人の波長にあわせるということでもあるので、どうしてもその人の負のエネルギーをもらいやすくなるようです。

倭子は、エネルギーをいただくところと、エネルギーの流し方を変えることにより、この問題を克服しました。

現在は、負のエネルギーをいただくことはありません。

心の底から謝り、意識さんに無事に肉体に戻ってもらいました

やがて倭子は、意識そのものや心そのものも感じ取れるようになりました。チャクラが見えるようになったり、魂が肉体から出てしまう、いわゆる幽体離脱ができるようになったりしたのもそのころです。

最初の幽体離脱は、車を止めているときに起きました。倭子の肉体は車の中にあるのですが、魂の方は肉体を脱ぎ捨て、車から出てしまいました。倭子の魂は、左斜め上から、車とその中にある倭子の肉体を見下ろしていました。

倭子の魂が倭子の肉体を見下ろすという事態が、幽体離脱なのだと、そのとき分かりました。

その後、たびたび幽体離脱を経験したのですが、あるとき魂が肉体を離れた後、元に戻れないということがありました。そのとき、

「もう二度と遊び半分に幽体離脱をいたしません」

と心の底から謝り、なんとか無事に肉体へ戻してもらったようです。

左脳と右脳の大きさの違いを調整するとは

倭子の不思議な能力は、その後も進化を続けました。痛いところや悪いところが見えたり、チャクラが見えたりすることのほかに、手がすごく温かくなって、ビリビリするようになりました。

相手に手を当てると、当てた部分が拡大され、その人の表層から深い所にまで入ってしまっている自分がいることにも気がつきました。

脳のＭＲＩで捉えることのできる（画像に映し出される）右脳と左脳は、脳そのものです。その脳にアストラル体（微細エネルギー体）など、何層ものエネルギー体がかぶさっている。そのように神秘学などでは考えるようです。

その何層ものエネルギー体を含めた左右の脳の大きさが違っている。

倭子には、そう見えるようです。

倭子は、そのことを「右脳と左脳の大きさが違う」といっています。

左右の脳のアンバランスは、その人の頭に手を当てて調整していき、最終的にはエネルギー体をも含めた左右の脳の大きさを等しくしていきます。詳しいことは、私にはわかりませんが、その方法があるようです。

そうして、左右の脳が同じ大きさになると、肩こりや腰痛など、瞬間的になくなります。それは、何度となく見ています。

脳の状態を改善することにより、腰痛が改善するなどありえないという意見もありますが、腰痛も脳に原因のあることが少なくありません。

そのことは、現代医学でも明らかになってきていて、テレビでも放映されました。椎間板ヘルニアがあるから腰が痛くなるとは限らず、椎間板ヘルニアがなくても腰が痛くなることはある、ということが確認されています。

身体の痛いところや悪いところは、脳の左右の大きさを等しくした後、さらにチャクラのバランスを整えると、自然になくなっていくようです。


ここからは、あなた自身が自分を癒すのです

意識細胞光療法とは、安田倭子および脳ヒーラーたちの手から出る光、それにヒーリングボックスの光、この2つの光の相乗効果によってもたらされるものです。しかし、じつはそれだけではありません。

本書ですでにみてきたように、問題解決した人のすべて、心身が改善された人のすべては、伝授を受けています。伝授を受けることによって、自己ヒーリングができ、遠隔ヒーリングもできるようになっています。

倭子はよく次のようにいうと、3章でご紹介しました。

※

病気を治すのは、私ではありません。お医者さんでも、薬でもありません。私たちができるのはお手伝いです。健康を取り戻すのは、あなた自身が自分の細胞を信じてあげること。肉体を正常に戻す素晴らしい力を、60兆個の細胞さんは持っていると解ってあげることです。

※

これは自己ヒーリングのすすめでもあります。脳ヒーリングは、井戸水の「呼び水」のような役割であり、心身を最終的に根治させるのは、自己ヒーリングです。

それに、脳ヒーリングそのものが、倭子の自己ヒーリングから出発したものです。そのこともあって、倭子はいまでも自己ヒーリングをとても重視しています。

お嬢様とお母様が、お祖母様の腰椎骨折を遠隔ヒーリングで直した

日向さんとお嬢様が、お祖母様を遠隔ヒーリングして、見事に直してしまったことを7章でご紹介しました。

それ以前の日向さんは、心身ともに問題を抱えていました。それを脳ヒーリングと自己ヒーリングで直したのです。

お嬢さんも、心身ともに問題を抱えていました。それを脳ヒーリングと自己ヒーリングで直し、中学校の卒業資格、高校の卒業資格も取得して、きちんと就職したのです。

そうして、日向さんとお嬢様が、腰椎を骨折してしまったお祖母様に対して、熱心に遠隔ヒーリングをすることによって、見事に根治させました。

お祖母様の2度目のケガは、リハビリ病院の不手際によるものでした。そのため、リハビリ病院での入院は3ヶ月が限度ですが、ご主人が交渉をされて、半年の入院となりました。

それでも、お祖母様の身体は回復しませんでした。リハビリ病院に半年入院しても治らなかったのです。

それを、日向さんとお嬢様が、遠隔ヒーリングによって、見事に直してしまったのです。お祖母様は、いまではひとりでスタスタと歩いて買い物などをしておられます。

倭子の手からフォトンが検出された

やがて倭子の手のひらから、フォトンが出ていることが分かりました。フォトンとは、光を粒子として扱う場合の呼び名です。素粒子物理学ではガンマ線に由来するγ（ガンマ）で表されています。

これを最初にいい始めたのは、アインシュタインのようですが、アインシュタインはフォトンとは呼ばずに、日本語に訳すと光量子と呼んでいたようです。

倭子の手のひらから出ているフォトンは、「生物フォトン」とも「バイオフォトン」ともいわれているものです。生物から発せられるごく微弱な光子です。

独立行政法人・放射線医学総合研究所は、放射線全般を研究する機関であり、そこの山本生体放射研究室（2002年当時）は、とくに「気功」「手かざし」「ヒーリング」など、古くから世界各国に存在し、その原理が解明されていない治療方法に対して、フォトンという観点から科学的解明を行おうとしていました。

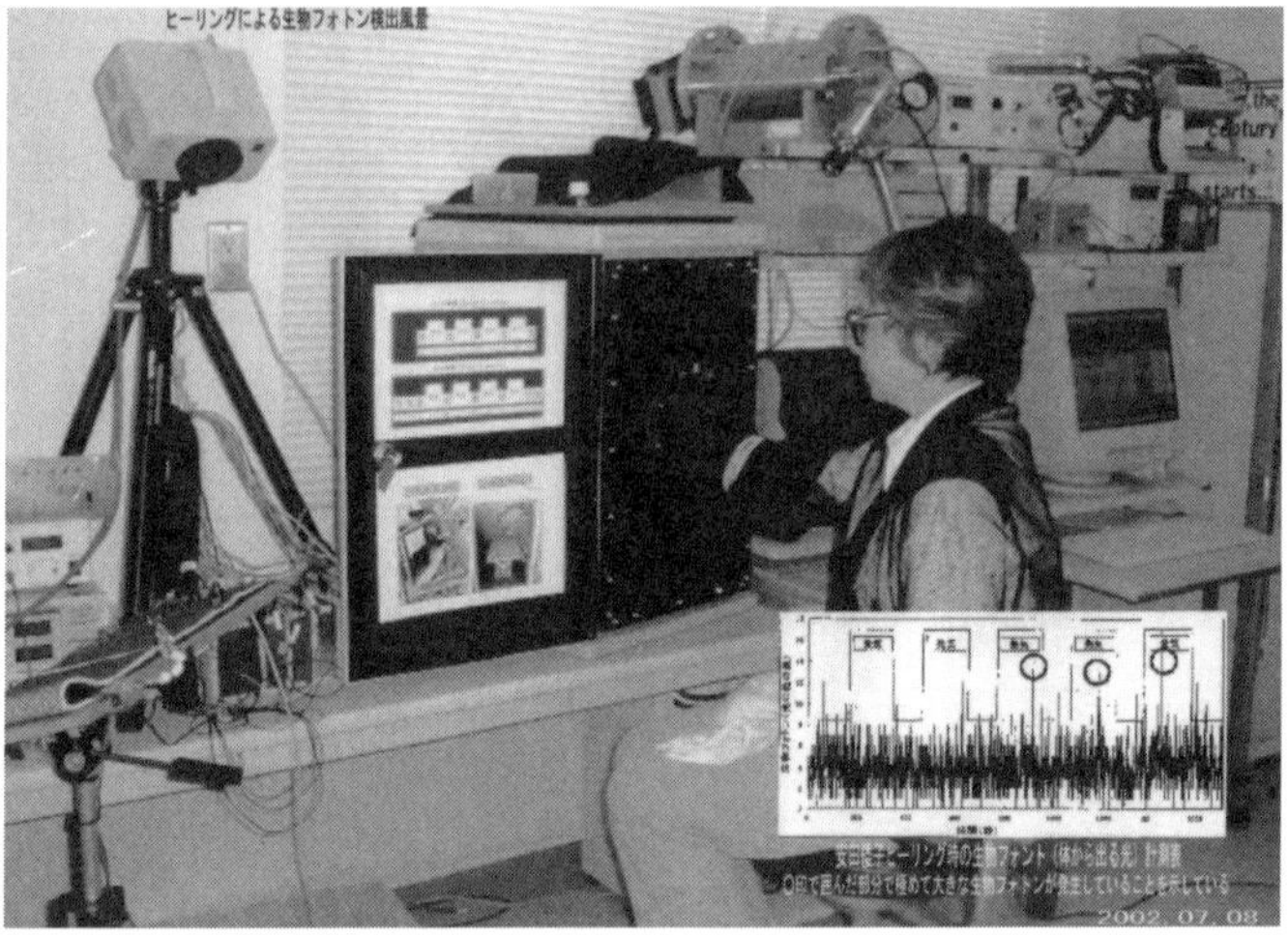

独立行政法人放射線医学総合研究所において、生物フォトンの計測が行われた（２００２年７月）

その山本生体放射研究室に依頼されて、倭子は指先（1回目）と手のひら（2回目）の生物フォトンを計測しました。その結果が、次の次の表です。○で囲んだ部分は、きわめて大きなフォトンが発生していることを示しています。

ワコ・ネイチャーの脳ヒーラーの手からも、生物フォトンが出ているようです。残念ながら、いまは放射線医学総合研究所も山本生体放射研究室もなくなってしまったので、脳ヒーラーたちの生物フォトンを計測することはできません。

しかし、倭子がいないときの脳ヒーラーだけでの脳ヒーリングによる改善例が山のようにあるので、脳ヒーラーの手

1回目

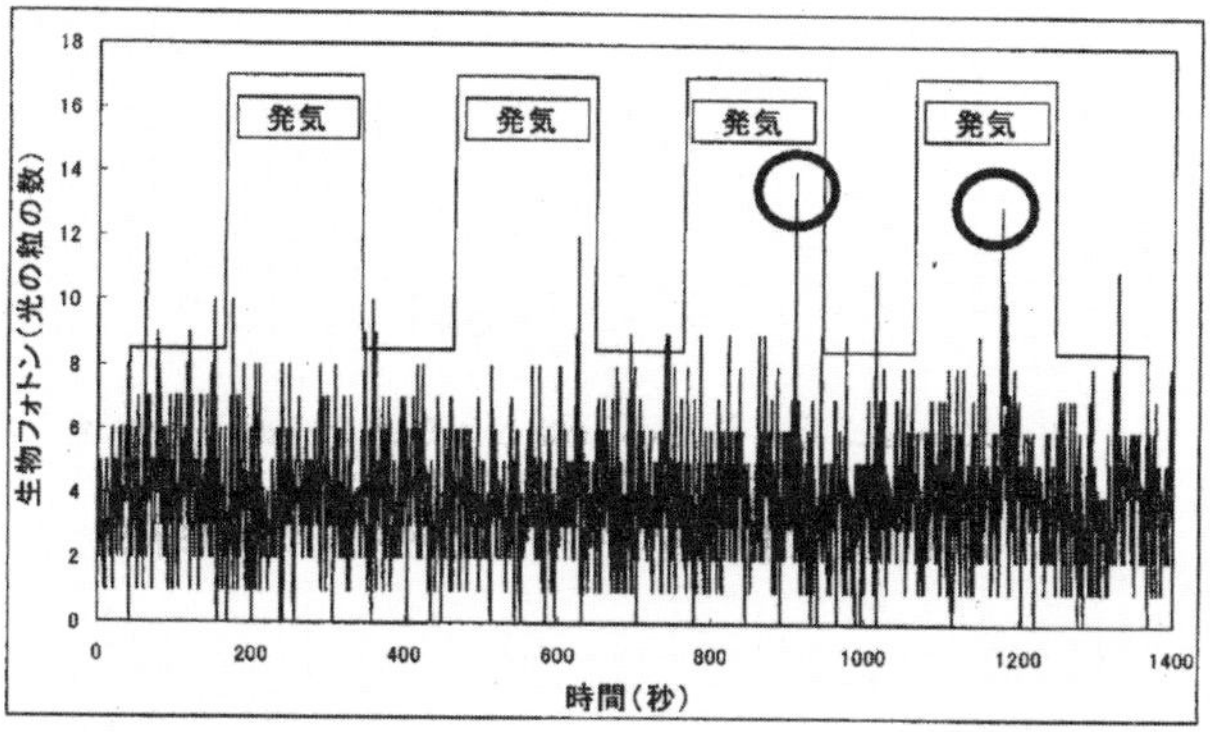

2回目

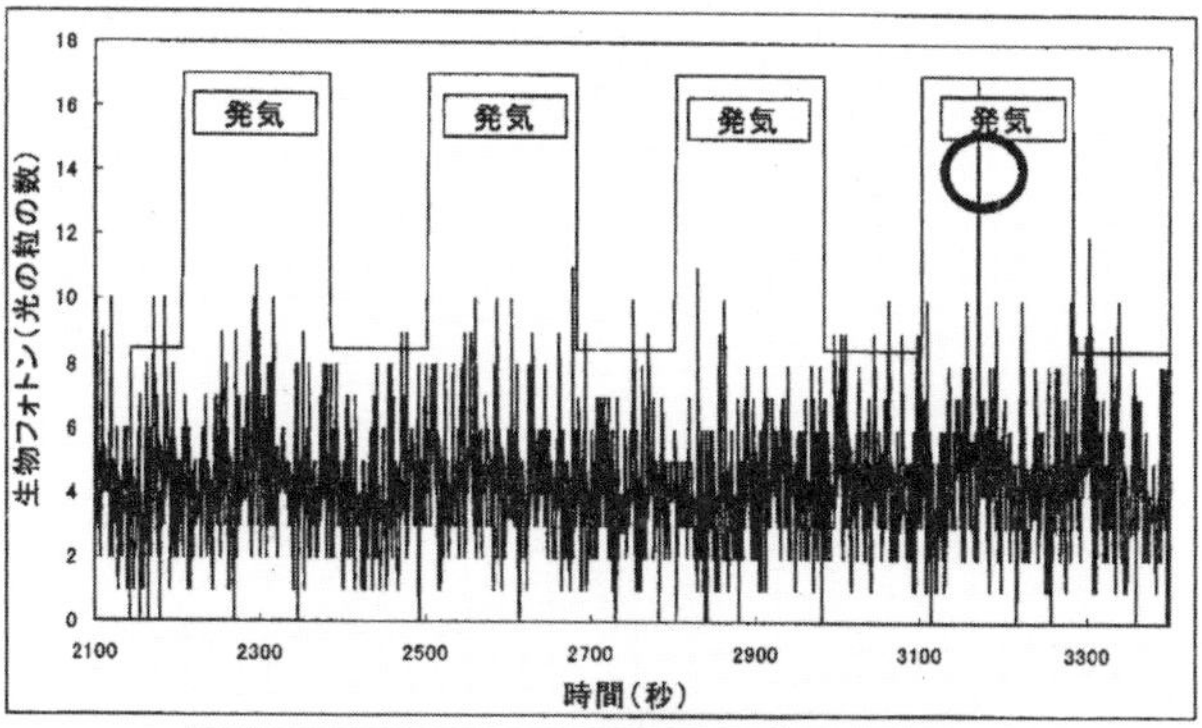

	安静	発気
生物フォトン	4.080	4.063
3次モーメント	4.739	6.802

今回、発気（ヒーリング）時と安静時における指先（１回目）と手の平（２回目）の生物フォトン（体から出る光）を計測しましたが、各時間で平均した生物フォトンに変化はありませんでした。しかし、３次モーメントでは発気時のほうが多少ですが大きな値となりました。これは、図に○印で囲んだ部分のような短時間に極めて大きな生物フォトンが発気時に多く発生していることを示しています。

からも、倭子ほどではないけれども生物フォトンが出ていることは間違いないと思います。

生物フォトン、ヒーリングボックス、伝授が織りなす療法

私は、新宿でレストランシアター・プランキーを経営していたころから、意識細胞光療法に関係することをしていたようです。プランキーの天井には、ほとんど一面といってもいいほどピラミッドを埋め込んでいました。

それは、そのときには「音響をよくするため」ということでした。

それに、佐奈田霊社からお札を頂いて、店の中に神棚をつくって奉っていました。佐奈田霊社は、「のど、声」に霊験があることから、芸能関係者が数多く参詣する霊社です。

私はその後に、倭子に命じられてヒーリングボックスを完成させるのですが、ヒーリングボックスそのものに、ピラミッドの原理が組み込まれています。逆からみると、ピラミッドの原理を組み込んでヒーリングボックスをつくるために、プランキーの天井のほとんど一面に、音響をよくするためということで、ピラミッドを組み込んでいたことになります。

ヒーリングボックスができたから、伝授をするようになったと、倭子はよくいいます。

これも逆から見ると、いまのようなかたちで伝授をするために、ヒーリングボックスをつくった、ということになるのではないでしょうか。

意識細胞光療法は商標として認可されました

ワコ・ネイチャーヒーリングの安田明純の論述と、安田倭子の施術により、以下の4件の商標を取得することができました。
この4件の商標が、これからの時代に大きく寄与することになると信じます。

意識細胞光療法　商標第6174669号
脳ヒーリング光療法　商標第6714666号
意識細胞療法　商標第6174668号
オプティカル療法　商標第6174667号

昨今は、意識、心、細胞を論じる学者さん多くなりました。
核を中心としたものが分裂して個体を形成すると考えられていた時代から、いまや鞭毛

商標登録証
登録第6174669号
安田　明純
松永　明
商標登録証
安田　倭子
意識細胞光療法

から多くの触手が伸び、お互いに結び付き、コミュニケーションを取っているということが、映像で写し出されるまでになってきました。

西洋医療のなかに安田倭子を置き、脳ヒーリングをさせた精神科の院長は、凄い人だとあらためて思います。

「倭子先生は、今の脳科学の三歩先をいっている」と話した脳科学者の博士も、凄い人だと思います。

この数年、倭子の言っていたことが、科学雑誌やテレビの特番で取り上げよれたりしています。

私は、安田倭子をこう評価します。

倭子は、医者でも、学者でも、脳科学を勉強してきた人間でもない。ただ、一つ次のことは言えます。

通常の人より優れたものを持って生まれてきている。

意識細胞光療法

２０２０年５月１日　初版第１刷発行

著　者　安田明純　安田倭子

発行元　ＩＣＩ．
東京都豊島区千早３－３４－５
ＴＥＬ&ＦＡＸ
０３－３９７２－８８８４

発売元　星雲社（共同出版社・流通責任出版社）
郵便番号１１２－０００５
東京都文京区水道１－３－３０
ＴＥＬ　０３－３８６８－３２７５
ＦＡＸ　０３－３８６８－６５８８

印刷
製本所　モリモト印刷

ISBN 978-4-434-27255-4 C0077
定価はカバーに表示してあります。